KB041730

토착왜구와 죽창부대의 사이에서

이창위

국제법과 국제정치로 본 한일관계사

박영사

책머리에

한국과 일본의 갈등은 서로에 대한 생각의 차이에서 나온다. 한국인은 일본의 전후청산이 미흡하다고 생각한다. 일본이 과거사나 식민지 지배에 대한 책임을 다하지 않았다고 여기는 사람들이 많다는 것이다. 정치권은 위안부나 강제징용 배상 문제를 이용해 그런 반일 정서 속으로 파고들었다. 문재인 정부 시절, 그렇게 해서 우리 사회에 토착왜구, 죽창부대, 의병이 등장하고, 한일관계는 최악으로 치달았다.

일본은 한국인의 정서를 이해하지 못한다. 일본은 샌프란시스코 평화조약과 한일기본관계조약, 청구권협정으로 한국에 대한 식민지 지배 문제는 청산됐다고 생각한다. 위안부 문제는 1995년 '아시아 여성기금'과 2015년 '위안부 합의' 및 '화해치유재단'을 통해 해결됐다고 본다. 그래서 일본은 한국의 위안부 합의 번복과 강제징용 배상 판결에 난감해 한다. 한국의 입장 변화를 스포츠 경기에서 '골대를 옮기는 것과 다름없다'고 주장하기도 한다.

이런 갈등의 배후에는 굴곡진 역사와 민족 감정이 복잡하게 착종한다. 게다가 사법부의 오락가락하는 판결로 갈등의 골이 깊어

져서, 이제는 단순한 봉합이나 외교적 임시방편책으로 이를 극복하기 힘든 지경이 됐다. 그렇다고 해서, 양국관계를 이대로 방치하는 것은 우리의 국익에 부합하지 않는다. 어쨌든 일본은 동북아에서 정치 체제와 지향하는 가치가 우리와 가장 비슷한 국가이기 때문이다. 북한의 핵·미사일 위협에 대응하기 위해서는 한국과 미국, 일본 3국의 긴밀한 공조가 반드시 필요하다.

지난 3월에 정권이 교체되면서 일단 한일관계를 정상화할 수 있는 판은 깔렸다. 윤석열 정부는 일본과의 관계 개선을 위해 적극적으로 노력하고 있다. 그러나 일본에 대한 우리의 기본적 인식과 평가가 변하지 않으면, 새 정부의 노력은 결실을 맺지 못할 수도 있다. 국민은 이미지나 느낌으로 정치를 판단하기 때문에 도리가 없다. 아무리 국익에 필요한 정책이라도, 국민의 지지를 받지 못하면 성공하기 힘들다.

이 책은 그런 맥락에서 양국의 현안에 대한 독자들의 이해를 돕기 위해 집필한 것이다. 한국과 일본은 1965년 국교 정상화 당시 일본의 침략과 식민지 지배 문제를 애매하게 처리했다. 당시의 정치적·경제적 상황에서 한국은 일본과 그렇게 합의할 수밖에 없었다. 나는 그런 시각에서 양국의 갈등에 관련된 현안을 친일 논란과 함께 이 책에서 살펴봤다. 구체적으로 대통령의 대일정책, 윤봉길 의사의 상해의거, 국교 정상화 과정, 위안부, 강제징용 배상, 독도, 국가책임, 국제법과 국제정치의 관계 및 한미일 공조 문제를 검토

했다.

　독자들이 현안을 포괄적으로 이해할 수 있도록, 나는 갈등의 역사적 전개와 정치적·법적 문제를 최대한 쉽게 설명하려고 했다. 현안을 이해해야, 상대에 대한 객관적인 평가가 가능하다. 직접 발표했던 논문이나 저서 외에 언론에 기고했던 글도 다수 참조했다. 통합적 시각에 의한 한일관계의 분석이 쉽지는 않았지만, 코로나 사태로 생긴 시간적 여유로 그런 작업을 일관되게 할 수 있었다. 그래서 이 책은 국제법과 국제정치학이라는 학제간 연구의 갈증에 대한 나 자신의 해답이기도 하다.

　한일관계의 역사와 정치에 대한 부분은 주제 별로 정리했고, 국제법에 대한 문제는 본문을 참고자료와 함께 보면 이해할 수 있도록 기술했다. 현안에 대한 팩트 시트와 각 장 서두의 요약을 통해 전체의 흐름을 읽을 수 있을 것이다. 삼인칭 시점으로 글을 썼지만, 예외적으로 일인칭 시점을 도입한 부분도 있다. 개인적 경험이 얽힌 특정 인물과 사건을 설명하다 보니, 기존의 글과 다른 스타일의 내용이 일부 섞였다.

　키신저가 말했듯이, 학자는 국제관계나 현실정치(Realpolitik)의 작용을 분석하여 평가하고 이론을 다듬으면 되지만, 정치인은 선택한 정책에 대해 궁극적 책임을 져야 한다. 학자는 시간과 여유를 갖고 결론을 도출하지만, 정치인에게는 시간적 여유가 허용되지 않는다.[1] 한일관계에 대한 잘못된 정책의 책임은 오롯이 정치인과

정책 당국자의 몫이다. 그런 맥락에서, 북핵 대비를 위한 한미일 합동훈련을 '극단적인 친일 행위이자 친일 국방'이라고 비난한 야당 대표의 주장은 매우 위험하고 논쟁적이다.

이제는 한국의 정치도 친일 프레임에서 벗어나야 한다. 반일이라면 물불을 가리지 않고, 진위를 불문하고 열광하는 분위기도 가라앉혀야 한다. 이를 위해서는 우리의 역사를 객관적으로 평가하고, 일본의 책임을 '합리적이고 적절하게' 물을 수 있어야 한다. 그러면 반일 정서에 기대는 정치 풍토도 바뀔 수 있다. 해방된 지 80년이 돼가는 시점에 친일 논란이 가라앉지 않는 것은 합리적이지도 않고 이성적이지도 않다.

많은 시간을 같이하지 못하는 가족에게는 늘 미안한 마음을 갖는다. 항상 그랬듯이, 책상물림 가장을 이해해주기를 바랄 뿐이다. 바쁜 와중에 시간을 내서 꼼꼼히 원고를 읽고 의견을 준 홍승기 교수에게 감사의 뜻을 전한다. 이 책이 국격에 맞는 외교정책의 수립에 작은 도움이 되기를 바란다.

2022년 11월

이　창　위

목 차

참고자료

표 차 례

한일 간의 근대사와 현안에 대한 팩트 시트(Fact Sheet)

연번	사실 요약
1	근대화에 실패한 조선은 고종과 지배층의 부패와 무능으로 일본에 강제 병합됐다. 중일 양국과 미국, 러시아 등 동서양의 열강은 한반도의 지배권을 확보하기 위해 다투었고, 일본이 중국과 러시아를 물리치고 조선을 차지했다. 한국의 근대사는 중국의 지배가 일본의 지배로 바뀌는, 외세의 침략과정의 역사였다.
2	윤봉길 의사의 상해의거로 노무라 기치사부로 해군 중장은 오른쪽 눈을 실명했고, 시게미쓰 마모루 공사는 오른쪽 다리를 절단했다. 노무라는 태평양전쟁 개전 시 주미대사가 되어 대미각서를 진주만 공습 1시간 후 국무부에 전달했고, 시게미쓰는 외무대신이 되어 미주리함상에서 일본의 항복문서에 서명했다.
3	상해의거에 감명 받은 장제스는 임시정부를 전폭적으로 지원했고, 루스벨트와 처칠을 설득하여 '카이로 선언'에 한국의 독립을 명시하도록 했다. 카이로 선언의 내용은 포츠담 선언으로 이어졌고, 다시 일본의 항복문서로 확인됐다. 한국은 윤봉길 의사의 희생이 밑거름이 되어 떳떳하게 독립을 맞이할 수 있었다.
4	한국은 일본에서 '분리된 지역'으로 미군의 점령하에 있다가, 1948년 8월 15일 독립국이 됐다. 냉전의 심화에 따른 남북한의 대표성 논란으로, 한국은 '샌프란시스코 평화조약'의 당사국이 되지 못했다. 전승국이 아닌 한국은 침략전쟁과 식민지 지배에 대한 배상을 받지 못했다. 평화조약에 식민지 지배의 책임이 명시됐다면, 한일 협상에서 일본에 대한 분명한 책임의 추궁이 가능했을 것이다.
5	샌프란시스코 평화조약 제4조(a)의 규정에 따라, 한국과 일본은 국교 재개를 위한 협상을 진행하여 1965년 '기본관계조약'과 '청구권협정'을 체결했다. 한국은 일본으로부터 무상 3억 달러, 유상 2억 달러의 자금을 제공받아 경제발전에 사용했다. 미군정청은 제4조(b)의 규정에 따라 한국에 소재한 22억8천만 달러 규모의 일본 자산을 몰수하여 한국에 이전시켰다.

6	일본은 미국의 '관대한 강화'로 침략전쟁과 식민지 지배에 대한 책임을 면제받고 국제사회에 복귀했다. 한일 양국은 1965년 조약에서 '의도적 모호성'이라는 정치적 융통성을 발휘해 식민지 지배의 책임 문제를 봉합했다. 냉전의 격화로 미국은 한국과 일본에 조속한 관계 정상화를 요구했고, 경제개발 자금이 필요했던 한국은 이를 수용했다.
7	일본은 1983년부터 본격적으로 과거사에 대해 사과했는데, 천황과 총리의 공식적인 사과만 해도 50회를 넘는다. 한국과 일본의 외교장관은 2015년 12월 28일 아베 총리가 '위안부 문제에 대한 일본군의 관여와 책임을 인정하고 사죄한다'는 합의문을 발표하여, 이 문제가 최종적·불가역적으로 해결됐다고 했다. 아베 총리는 박근혜 대통령에게 전화로 정중하게 직접 사죄했다.
8	2017년 12월 문재인 대통령은 '위안부 합의 검토 TF의 보고서'에 따라 위안부 합의를 받아들일 수 없다고 했고, 2018년 9월 유엔에서 아베 총리에게 화해치유재단의 해산을 통고했다. 그러나 문 대통령은 재단의 해산이 합의의 파기나 재협상의 요구를 의미하는 것은 아니라고 했고, 2021년 1월 기자회견에서 2015년의 합의가 한일 간의 공식 합의임을 인정했다.
9	헌법재판소는 2011년 8월 위안부 문제의 해결을 위해 노력하지 않는 정부의 부작위는 위헌이라고 결정했으나, 2019년 12월 위안부 합의는 조약이 아니라는 이유로 헌법소원을 각하했다. 위안부 문제에 대한 법원의 판결도 일관성 없이 내려졌다. 강제징용 문제에 대한 대법원의 2012년 5월 파기환송 판결과 2018년 10월 최종 판결은 한일관계의 아킬레스건이 되었다.
10	사법부가 위안부 문제 판결에서 '국가면제'를 부인한 것과, 청구권협정에도 불구하고 반인도적 불법행위를 이유로 강제징용에 대한 개인의 청구권을 인정한 것은 국제법의 원칙과 국제사회의 흐름에 어긋난다. 선진국에서 인정되는 '사법자제의 원칙'을 부인한 것도 마찬가지다. 대법원의 판결은 '국제법상 의무 위반은 국내법으로 정당화되지 않는다'는 국제법의 원칙에 반한다.
11	미국과 상호방위조약을 체결한 한국은 미국의 지원과 일본의 청구권 자금으로 눈부신 경제성장을 이루었다. 일본은 미국과의 안보협력 체제하에서 경제대국이 됐고, 아시아에서 가장 강력한 미국의 동맹국이 됐다. 한미동맹은 문재인 정부의 외교 실책으로 심각하게 흔들렸지만, 정권 교체로 다시 제자리를 찾고 있다. 북핵 위기의 극복을 위해 한일 양국은 한미일 협조 체제를 강화해야 한다.

제 1 장

전가의 보도, '친일 프레임'

제 1 장   전가의 보도, '친일 프레임'

정치인들은 위안부와 강제징용 같은 과거사 문제를 이용하여 국민들의 반일 정서를 부추겨왔다. 특히 '토착왜구'와 '죽창'이라는 반문명적 표현이 주목받는 21세기 한국사회의 상황은 비정상이다. 니체는 약자가 강자에게 갖는 분노, 질투, 원한의 감정을 '르상티망'이라고 설명했는데, 일본의 한국 침략에 대한 한국인의 분노도 '르상티망'이라는 개념으로 이해할 수 있다. 관용을 의미하는 '똘레랑스'는 '르상티망'의 대척점에 있는 개념이다. 이제는 합리적인 한일관계의 정립을 위해 '르상티망'의 감정을 '똘레랑스'로 바꿀 필요가 있다.

1. 토착왜구와 친일파

최악의 한일관계

우리의 일본에 대한 이미지는 복잡하다. 한반도를 침탈했던 일본은 패전 후 민주국가로 국제사회에 복귀했고 다시 강대국이 됐다. 적국은 아니지만 동맹도 아닌 이웃국가는 극복해야 할 대상이자 따라가야 할 롤 모델로 존재해왔다. 시대적 변화와 정치적 상황에 따라 우리의 대일 정서는 급변했고, 정치인들은 이를 정략적으로 이용했다. 일본은 한국의 정치인에게 그렇게 '상징조작'(symbol manipulation)의 대상이 됐다.

그러나 조작된 상징은 국민의 이성을 마비시키는 도구가 된다. 나치 독일에서 그랬듯이, 대중은 정치인의 주장과 매스컴의 일방적 정보에 쉽게 세뇌되기 마련이다. 특히 SNS가 범람하는, 정보 홍수와 과잉 커뮤니케이션의 시대에 과거사 문제는 언제나 폭발할 수 있는 인화성을 갖는다. 그래서 정치인은 일본에 대한 메시지를 신중하게 발신하지 않으면 안 된다.

김영삼 대통령은 과거사 문제가 제기되자 "일본의 버르장머리를 고치겠다"고 호언장담하다가 IMF 사태를 맞았다. 김대중 대통령은 '김대중·오부치 선언'으로 한일 협력을 위한 새 지평을 열었다. 노무현·이명박 두 대통령은 임기 말에 독도 문제를 이용해 지지율을 만회했으나, 한일관계는 나빠졌다. 박근혜 대통령은 일본과 위안부 문제에 합의했지만, 문재인 대통령이 이를 번복해서 결국 무산됐다.

김대중·박근혜 대통령을 제외하면, 대부분 역대 대통령들은 한일관계를 정략적으로 이용했다는 비판을 받는다. 특히 문재인 정부와 당시 여당은 친일 프레임으로 외교의 근간을 흔들었다는 점에서 문제가 심각하다. 윤석열 정부가 들어서서 외교안보 정책은 제자리를 찾고 있지만, 지난 정부의 외교적 실패를 치유하기는 쉽지 않다.

이런 배경을 모르고 한일관계의 맥락을 이해하기는 힘들다. 외교는 상대가 있기에 완전한 승리가 불가능한 영역이다. 정권이 바뀔 때마다 일본에 사과를 요구하는 것은 국제사회의 상식이 아니다. 국가 간의 갈등은 국제법으로 실현 가능한 합의를 끌어내거나, 그렇지 않으면 현상을 유지하는 게 상책이다.

독도와 강제징용, 위안부 문제는 죽창가로 국민을 선동한다고 해결되지 않는다. 선동으로 얻을 수 있는 것은 '정신 승리'뿐이다. 정치인은 민감한 문제일수록 국민을 설득할 수 있는 용기가 있어야 한다. 토착왜구와 죽창부대가 등장한 경과와 복잡한 일본의 이미지가 형성된 정서적 배경을 우선 살펴보자.

어느 소설가의 도발

조정래 작가는 2020년 10월 12일 기자간담회에서 "토착왜구라고 부르는 일본 유학파, 일본 유학을 다녀오면 모두 민족의 반역자가 된다"는 폭탄 발언을 했다. 그래서 150만 친일파를 단죄하지 않으면, 이 나라의 미래가 없다고 주장했다. 그의 과격한 주장은 엄청난 반발을 일으켰다. 일본 유학을 다녀온 사람이 무조건 민족의 반역자라면, 일제에 항거한 순국선열이나 애국지사로 일본에 유학했던 사람도 토착왜구가 될 수 있기 때문이다.[2]

토착왜구(土着倭寇)라는 용어가 우리 사회에 처음 등장한 것은 일제 강점기 때였다. 일제가 한국을 병합한 1910년 전후로, 여러 언론과 문집에서 매국노를 비난하며 토왜(土倭)라는 표현을 쓴 것이 효시라고 한다. 당시 일제의 침략에 대한 반발로 친일 부역자들을 그렇게 불렀고, 그 표현이 21세기에 토착왜구라는 용어로 부활한 것이다.

기호학이나 의미론에 밝지 못한 학자가 토착왜구라는 용어의 정치적·사회적 의미를 논하는 것은 주제 넘는 일일 수도 있다. 그러나 그런 학자가 이런 문제를 외면하고 연구실에 숨어 있기에 작금의 상황은 아주 심각하고 엄중하다. 문명사회에서 야만적 어휘가 회자되는 것은 정상이 아니다. 특히 조 작가의 토착왜구 처벌 주장은 백면서생의 똘레랑스의 한계를 훌쩍 넘어버렸다.

일본에 유학하던 한국 학생들의 애국활동은 2·8 독립선언으로 익히 알려져 있다. 1919년 2월 8일 남녀 유학생 6백 명은 도쿄 기독교청년회관(YMCA)에 모여 당당하게 독립을 선언했다. 당시 조선청년독립단이 기획한 이 선언은 윌슨 대통령의 민족자결주의에 영향을 받았다. 유학생들은 4개항의 선언문에서 조선의 독립과 외국의 협력을 요구했고, 그것이 관철되지 않으면 일본과의 혈전도 불사하겠다고 했다. 이 선언은 3·1운동의 도화선이 됐다.

김준엽 고려대학교 총장과 유기천 서울대학교 총장도 일본 유학파이다. 군사독재에 맞서 타협을 거부한 두 사람은 한국 대학의 자존심이었다. 게이오대학과 도쿄제국대학에서 수학했다는 이유로 이들을 친일파로 매도한다면, 그런 주장은 아무도 수긍하지 않을 것이다. 대쪽 같은 학자들이 친일파이자 토착왜구라면, 필자와 같은 무명의 교수는 말할 필요도 없다.

건국 후 경제를 일으킨 기업인들도 사정은 다르지 않다. 삼성의 이병철, 이건희, 이재용 3대는 모두 와세다대학과 게이오대학 출신이다. 소설가의 논리라면, 이들도 토착왜구로 비난받아 마땅하다. 그러나 이건희 회장은 일본의 기술을 도입해서 일본 기업을 압도하는 세계적 기업을 만들었다. 이건희 회장 말고 진정으로 일본 기업을 이긴 한국 기업인이 달리 있었는지 의문이다. 초일류 기업 삼성전자를 일군 이건희 회장 같은 기업인이 없었다면, 한국이 어떻게 일본에 큰소리칠 수 있겠는가.

시대착오적 논리

토착왜구를 처벌해야 한다는 주장은 단순한 반일 민족주의나 국수주의를 넘어서는, 시대착오적이고 반지성적인 논리였다. 황잡한 발언의 후폭풍이 커지자, 그는 문법을 모르는 기자들의 무지를 핑계로 자신의 진의가 왜곡됐다고 한발 물러섰다. 그러나 토착왜구를 처벌해야 한다는 소신은 변함없다고 다시 주장했다. 선동적인 소설가의 비대해진 자의식은 우리 사회의 병리현상을 그대로 투영한다.

우리 사회에서는 정치인이나 기업인은 말할 것도 없고, 전문가나 지식인도 한번 친일파로 몰리면 사회적 지탄의 대상이 된다. 정치인은 재기 불능이 되고, 기업의 매출은 곤두박질치기도 한다. 지식인은 친일파라는 주홍글씨를 안고 소심하게 지내야 한다. 심지어 가수나 탤런트, 배우도 친일파라는 낙인이 찍히면 연예인으로서의 생존이 쉽지 않다. 할아버지나 조상의 친일 행적 때문에 피해를 입은 유명인과 연예인도 적지 않은 게 현실이다.

친일에 대한 우리 사회의 비난과 매도는 구조적이다. 학생들은 교실에서부터 철저하게 반일 교육을 받고, 국민들은 쉽게 반일 정서에 매몰되어버린다. 그렇게 뿌리내린 반일 정서는 건강하지 못하고, 그 폐해는 심각하다. 그것은 일본에 대한 이미지를 왜곡시켜 우리의 판단력을 흐리게 한다. 정치권은 이런 반일 정서에 편승하여 우리 외교에 친일 프레임이라는 덫을 씌워버렸다.

반일 정서로 인한 경제적인 피해도 적지 않다. 한국과 일본은 서로에게 좋은 교역 파트너지만, 일본의 통상보복으로 한국의 반도체 생산이 어려움을 겪기도 했다. 무역전쟁으로 번진 강제징용 문제는 사법부의 독립이라는 명분 때문에 한동안 출구를 찾지 못했다. 일본 여행 취소와 상품 불매운동의 피해는 고스란히 우리 근로자에게 돌아왔다. 한국보다 경제규모가 큰 일본은 상대적으로 피해가 크지 않았다.

우리 사회는 정치권이 만든 친일과 반일이라는 극단적인 논리에 너무 쉽게 휘둘려왔다. 그것은 고질병의 수준으로 우리의 의식을 지배한다. 이를 고치지 않으면, 합리적인 한일관계의 정립은 요원해진다. 동북아의 평화와 안보의 유지를 위해서는 일본의 협력이 절대 필요한데, 그런 논란이 계속되면 협력의 가능성은 희박해진다. 이제는 국익을 위해서라도 전근대적인 토착왜구 주장이나 친일 프레임은 버리지 않으면 안 된다.

2. 죽창부대와 반일정책

저항의 상징

죽창은 대나무를 잘라서 끝 부분을 뾰족하게 만든 원시적인 무기다. 내구성이나 살상력은 철제 무기에 비해 빈약하지만, 쉽게 구할 수 있는 대나무로 급조할 수 있다는 장점이 있다. 역사적으로 보면, 죽창은 의병이나 반란군, 게릴라 등 비정규군의 무기로 많이 사용되었다. 물론 중국, 일본, 베트남 등 아시아 각국의 정규군이 죽창을 다양하게 제조하여 사용했다는 기록도 있지만, 오랫동안 죽창은 열세에 처한 비정규군의 저항을 상징하는 무기가 되었다.

일본은 태평양전쟁에서 두 번의 원폭 투하로 패배했다. 미국은 핵무기 없이도 승리할 수 있었지만, 전쟁의 피해를 줄이기 위해 핵무기를 사용할 수밖에 없었다. 전쟁의 승패는 미국과 일본의 종합적 국력과 군사·과학기술의 격차, 그리고 전쟁 지휘 체제의 우열에 의해 갈렸다. 즉, 당시 미국의 전쟁수행 능력은 모든 면에서 일본을 압도한 것이다.

미 해군의 윌리엄 핼지(William Halsey) 제독은 승리의 원동력을 "잠수함, 레이더, 비행기 그리고 불도저"라고 했다. 어니스트 킹(Ernest King) 원수는 태평양전쟁은 "보급의 승리"였다고 평가했다. 일본의 히로히토 천황은 "자신과 적에 대한 무지, 정신주의의 강조와 과학기술의 경시, 육군과 해군의 반목, 상식적인 지휘관의 부재"를 패전의 이유로 들었다. 어떤 기준에 의하더라도, 태평양전쟁은 일본이 이길 수 없는 전쟁이었다.[3]

그럼에도 불구하고, 일본은 무모하게 대미 개전을 감행했다. 미드웨이해전에서 전세가 역전된 이후 일본은 계속 수세에 몰렸다. 솔로몬제도의 과달카날에서 일본군은 기아에 허덕이며 죽창으로 미군에 저항하기도 했다.[4] 일본군은 패전이 임박해지자 가미카제와 같은 자살공격으로 미군에 맞섰다. 수많은 일본군이 "천황폐하 만세"를 외치며 자결하고 산화했다.

일본은 전쟁의 막바지에 죽창으로 최후의 결전을 준비했다. 65세 이하의 남자와 45세 이하의 여자는 모두 직장과 지역의 의용대(義勇隊)로 편성되어 미군과의 백병전에 대비해야 했다.[5] 이들은 후방에서 수송이나 보급, 통신 훈련 외에 죽창 훈련을 의무적으로 받았다. 미군이 엄청난 물량공세로 본토를 초토화시킬 때, 죽창으로

태평양전쟁 말기 본토결전에 대비한 부녀자들과 여학생들의 죽창 훈련

미군과의 육박전에 대비한 일본군의 정신세계는 광기(狂氣)라는 말
로 설명할 수밖에 없다.

당시 일본 군부는 남녀노소를 가리지 않고 전 국민에게 일억옥
쇄(一億玉碎)의 태세를 갖추도록 지시했다. 이는 문자 그대로 일억
일본인이 모두 자결하자는 뜻이다. 1945년 4월 대본영 육군부가
일반인에게 배포한 「국민항전필휴」(國民抗戰必携)는 본토에 상륙
할 미군과의 전투에 대한 지침을 다음과 같이 기술하고 있다.

「총, 칼은 물론이고 창, 죽창부터 낫, 손도끼, 쇠망치, 식칼,
쇠갈퀴에 이르기까지 모든 도구를 백병전투용 병기로 사용할
수 있다. 칼이나 창을 사용할 경우, 가슴이나 옆구리를 노리기
보다는 키가 큰 적병의 배를 노려서 힘차게 찌르는 것이 효과적
이다. 격투가 시작되면 적의 미간을 치거나 고환을 차도록 하
라. 또는 가라테나 유도의 기술을 사용하여 교살하라. 국민 한

명이 적 한 명을 죽이면 된다. 어쨌든 수단과 방법을 가리지 말고 적을 처치하지 않으면 안 된다.」[6]

핵무기와 같은 가공할 무기에 맞서 죽창과 낫으로 저항하라는 군부의 전투지침은 황당하고 섬뜩하다. 노약자와 여성까지 죽창으로 훈련하는 상황은 무모한 자폭전쟁의 실상을 그대로 보여준다. 죽창과 가미카제로 상징되는 일본의 처절한 저항은 원자폭탄의 투하로 겨우 종결되었다. 일본의 완강한 항전과 포로에 대한 잔학행위는 미국이 원자폭탄을 사용할 수 있는 명분이 되었다.

동학운동과 무역분쟁

죽창은 개화기 조선에서도 약자가 사용하는 무기가 되었다. 1894년 전라도 고부에서 탐관오리의 가렴주구에 시달리던 농민들은 동학운동을 일으켰다. 동학운동은 종교적 박해에 대한 저항으로 시작됐는데, 반봉건과 반외세를 기치로 내세우면서 농민혁명이나 개혁운동의 성격도 띠게 된다. 결국 동학운동은 일본의 개입으로 진압됐고, 그 과정에서 동학 농민군은 죽창을 들고 완강하게 저항했다.

그런데 21세기의 한국 사회에서 죽창이 갑자기 정치적으로 주목받게 된다. 일본은 한국 대법원의 강제징용 배상 판결에 대항하여, 2019년 7월 1일 반도체 소재 수출규제라는 대항조치를 취했다. 그러자 한국의 정치인들은 일본의 경제보복에 죽창을 들고 대응해야 한다고 주장하기 시작했다. 그들은 임진왜란이나 동학운동에 등장하는 죽창의 상징성을 이용하여, 일본에 대한 강도 높은 보복조치를 비유적으로 표현했다.

일본의 수출규제 조치는 자유무역이나 공정무역이라는 국제통상 규범의 원칙에 위배된다. 일본의 조치는 불과 그 며칠 전 오사카에서 열렸던 G20 정상회의의 선언에도 어긋났다. 한국의 주력 수출 품목인 반도체에 대한 일본의 규제는 우리 국민의 분노를 사고도 남았다. 결국 한국 정부는 그해 9월 11일 이 문제를 WTO의 분쟁해결절차에 회부했다. 산업통상자원부는 일본의 조치가 「관세와 무역에 관한 일반협정」(GATT)에 규정된 일반적 최혜국 대우,[7] 무역규칙의 공표 및 시행,[8] 수량제한의 일반적 폐지의 의무에 위배된다고 주장했다.[9]

그러나 일본의 경제보복에 대한 우리의 대응은 결과적으로 큰 효과를 보지 못했다. 반도체 소재나 부품에 대한 공급은 일본 업체가 해외에 투자한 기업과 수입처 다변화로 대부분 회복됐기 때문이다. WTO 분쟁해결절차에서 어떤 결론이 나든, 이 문제는 현실적 임팩트가 크지 않게 되었다. 당시 수출규제가 가져올 득실을 냉정하게 평가하여, 좀 더 신중하게 의미 있는 대항조치를 일본에 취하는 것이 현명했을 수도 있다. 물론 우리가 꺼낼 수 있는 효과적인 카드는 많지 않았다.

그런 맥락에서, 우리는 특히 정치인들의 심사숙고하지 않은 포퓰리즘 주장을 경계하지 않으면 안 된다. 조국 전 장관이나 최재성 전 의원처럼 선동적이고 즉흥적인 주장을 하는 정치인이 그런 경우가 된다. 당시 조국 민정수석은 7월 13일 자신의 페이스북에 죽창가를 올린 것을 비롯하여 여러 차례 일본을 비판했다. 최재성 전 의원은 7일 일본의 경제보복을 경제침략이라고 규정하며, 의병을 일으켜야 한다고도 주장했다.[10]

의병과 죽창이 난무하는 정치적 주장에 맞춰 정부도 강경한 대책을 내세웠다. 강경화 외교부 장관은 위안부 문제를 다시 꺼냈으며, 한일군사정보보호협정(GSOMIA)의 파기까지 언급했다. 유명희 통상교섭본부장은 WTO에 일본과의 분쟁을 회부하면서, 한국이 반드시 승소할 것이라고 호언장담했다. 국민들의 반일 감정은 하늘을 찔렀고, 한일관계는 최악으로 치달았다. 정부와 여당의 강경책을 우려하는 여론도 있었지만 소용없었다.

죽창으로 상징되는 반일정책은 충격적인 결과를 가져왔다. 일본은 WTO 사무총장 경선에서 한국을 지지하지 않았고, 유명희 본부장은 사무총장으로 선출되지 못했다. 한미일 공조가 튼튼했다면, 유 본부장이 결선투표에서 참패하지는 않았을 것이다.[11] ILO 사무총장 경선에서 참패한 강경화 장관도 사정은 마찬가지다.[12] 우리가 과거사나 현안에 대한 사과와 양보를 계속 일본에 요구한다면, 결국 양국관계는 회복되지 않을 것이다. 양국관계가 파탄에 이르면, 우리 외교는 미국과 중국 사이에서 길을 잃을 수밖에 없다.

일본은 과거사에 대해 진정으로 반성하고 사과했는가? 일본은 1965년 '청구권협정'과 2015년 '위안부 합의'로 식민지 지배와 위안부에 대한 문제는 해결됐다고 주장한다. 과거사 문제도 셀 수 없이 사과했다고 한다. 그러나 우리는 일본의 사과에 진정성이 없다고 주장한다. **사과에 대한 양국의 공방은 헛된 일을 반복하는 '시시포스의 바위'나 다름없이 돼버렸다.**

3. 강자에 대한 분노, '르상티망'

학생들의 분노

"우리가 정치인의 친일 프레임 선동에 쉽게 휘둘리는 이유는 무엇인가?"

나는 수업 시간에 이런 질문을 학생들에게 가끔 던진다.

"일본의 식민지 지배에 대한 사과가 부족하기 때문입니다."

가장 많이 돌아오는 학생들의 답변이다.

"전두환 대통령에게 한 히로히토 천황과 나카소네 총리의

사과부터 계산해도, 일본은 50회가 족히 넘는 사과를 했다"고 내가 설명하면,

"일본의 사과는 진정성이 없지 않습니까?"라고 학생들은 반문한다.

"어떻게 사과하면 진정성이 있는가?"
"독일의 빌리 브란트 총리처럼 최소한 무릎 꿇고 사죄해야 진정성이 있지요."

"일본의 하토야마 유키오 총리도 한국에 와서 무릎 꿇고 사죄했단다."
"하토야마는 총리직에서 물러난 후 그렇게 사죄하지 않았나요?"

학생들의 단호한 질문에 나는 대략 다음과 같이 설명한다.

"나도 아베 총리가 위안부 피해자 할머니들 앞에서 무릎 꿇고 사죄하면 정말 좋겠다. 그런데 그게 현실적으로 가능한 일인가? 사과의 진정성이라는 명분은 누구라도 찬성하겠지만, 그것을 실현한다는 것은 전혀 별개의 문제가 된다."

사과의 진정성 문제가 제기되면, 학생들의 침묵은 길어지기도 한다. 그런데 납득할 수 없다는 학생들의 표정은 변하지 않는다. 특히 위안부 문제에 관한 한, 일본을 용서할 수 없다는 여학생들이 의외로 많다.

그러나 로스쿨 학생의 경우는 다르다. 법을 전공한 학생들은 국제관계에서 외교와 협상이 상대적이라는 것을 잘 이해한다. 로스쿨 학생들은 의사표시자의 내면에 대한 확인이 어렵다는 것을 알고 있으며, 진정한 사과를 받는다는 것이 얼마나 힘든 지도 이해한다.

로스쿨과 학부 학생들의 차이는 법학 교육을 받았는지 여부다. 전자는 법이라는 틀을 통해 객관적으로 현상을 보는 훈련이 돼 있지만, 후자는 그렇지 않다. 그래서 상대적으로 학부 학생들은 이성적으로 사고하거나 분석하는 면이 부족하다. 이런 차이가 일본을 바라보는 시각의 차이로 나타나는 것이다.

소녀상 철거 문제를 둘러싼 학생들의 분노도 그렇게 볼 수 있다. 소녀상에 목도리까지 둘러 주면서 일제의 만행을 규탄하는 학생들의 주장은 많은 사람들이 공감한다. 전시 여성의 인권을 유린한 일제의 만행은 비난받아 마땅하기 때문이다. 위안부 문제는 피해자 중심주의를 강조하는 국제인권법의 정신에 반한다는, 국제적인 명분도 있다. 따라서 일본 정부는 당연히 위안부 문제에 대해 책임을 져야 한다.

그러나 문제는 우리가 더 이상 일본에 사과를 요구하기가 힘들어졌다는 데 있다. 일본 정부는 2015년 12월 위안부 문제에 대해 사과했다. 그리고 한국 정부는 이를 받아들였다. 하지만 정부가 바뀌고 한국은 합의를 뒤집어버렸다. 당시 위안부 합의는 한국이 일본으로부터 받을 수 있는 가장 현실적인 내용을 담고 있었다. 아베 총리가 보낸 사과문은 국가의 관여와 책임을 명시적으로 인정했으며, 피해자 할머니들에 대한 실질적인 배상도 포함한 것이었다.

국제법과 국제관계를 조금만 공부해보면, 위안부 합의의 번복이 얼마나 많은 문제를 안고 있는지 알 수 있다. 일본은 위안부 합의를 내팽개친 한국 정부를 더 이상 믿지 못하겠다고 한다. 심지어 한국을 국제법과 약속을 지키지 않는 국가라고 비난한다. 일본의 주장에 대한 문재인 정부의 반론은 명분도 없고 설득력도 약했다. 강제징용 문제에 대해 일본이 완강하게 나오는 것도 그런 이유 때문이다. 학생들의 분노는 이해하지만, 현실의 국제관계는 그렇게 녹록지 않다.

식민지 콤플렉스와 '르상티망'

수업 시간과 일본 대사관 앞에서 학생들이 보여준 분노의 이유와 그 본질은 무엇인가? 일제의 35년 식민지 지배와 그에 대한 미완의 책임만이 답은 아니다. 나는 일본이 우리를 수탈했는지에 대한 공방, 이른바 식민지 근대화 논란에 참여할 생각은 없다. 그런 문제는 내 전공과 무관하고 관심사도 아니다. 다만, 우리의 일본에 대한 뿌리 깊은 증오와 시의(猜疑)에 대한 원인이 무엇인지는 오랫동안 관심을 갖고 생각해왔다.

우리가 일본에 대해 갖는 인식과 관념의 근저에는 일본의 식민지 지배에 대한 콤플렉스가 있다. 일본인을 직접 겪어본 사람들은 그런 고정관념을 버리기도 하지만, 일본인을 대면하지 않은 많은 사람들은 일본을 그렇게 생각할 것이다. 일본을 방문해본 한국인들은 일본인들의 질서의식과 예의범절을 높게 평가하는 경우가 많다. 그렇지만 과거의 역사를 생각하면 일본을 용서할 수 없다는 사람은 더 많다. 그렇게 생각하는 한국인의 의식에는 강자의 횡포에 대한 분노가 작용한다.

역사적으로 불교, 한자, 건축, 도자기와 같은 선진 문물은 한국을 통해 일본으로 전래되었다. 뿐만 아니라, 의복이나 음식과 같은 기본적인 문화도 한국에서 일본으로 전해졌다. 그런 역사를 통해 한국은 문화적 '선진국'이라는 우월감을 갖게 된다. 일본을 우습게 생각하는 한국인의 '근거 없는 자신감'은 그렇게 만들어졌다. 한반도가 선진 문물의 '전달 경로'로 이용됐다는 사실은 중요하지 않았다.

그런데 일본은 문화적 '선진국'인 한국을 침략하여 지배했다. 문화적 '열등국'인 일본이 그렇게 한국을 식민지로 만들었다는 사실에 한국인들은 분노하게 되었다. 우리의 도움을 받던 일본이 '문명개화'하여 강대국이 됐다는 사실에 분노와 질투는 더욱 깊어진다. 한국인이 중국의 경우와 달리 일본에 대해 유달리 분노하는 것은 그런 이유 때문이다.

프리드리히 니체(Friedrich Wilhelm Nietzsche)는 이런 인간의 본성을 '르상티망'(ressentiment)이라는 철학적 용어로 설명한다. '르상티망'의 개념은 '**약자가 강자에 대하여 갖는 분노, 질투, 원한, 열등감 등이 함께 뒤섞인 복잡한 감정**'이라고 정의할 수 있다. 니체는 인간의 권력의지로 촉발된 강자의 공격에 대항하는 약자의 복수심과 격정을 주목했다. 그래서 그런 감정의 이면에 작용하는 복합적인 심리를 '르상티망'이라고 했다.[13]

니체는 기독교의 사랑도 사실은 증오나 복수심의 다른 형태라고 주장한다. 로마제국의 지배를 받던 유태인들이 지배자에 대하여 갖는 종교적·정신적 위안을 그렇게 본 것이다. 권력자나 부자는 하느님의 미움으로 천국에 갈 수 없지만, 가난하고 핍박받는 유태인은 그렇지 않다는 선민의식도 '르상티망'의 실례가 된다. 니체는 로마보다 상위에 있는 신이라는 가공의 개념으로 유태인이 지배자에게 정신적인 복수를 했다고 설명한다.[14]

한국인의 일본인에 대한 반감도 그렇게 설명할 수 있다. 일본은 신라에 대항한 백제와의 연합, 고려에 대한 왜구의 침략, 조선시대의 임진왜란 등을 통해 한국인에게 침략자로 각인되었다. 일제의 식민지 지배는 그런 역사적 갈등과 맞물려 우리의 반일 감정을 증폭시켰다. 그렇게 해서 **일본에 대한 증오는 종교적 신념과 다름없는 '르상티망'으로 우리의 의식 속에 자리 잡았다.**[15]

따지고 보면, 중국의 한국에 대한 침략과 지배는 일본의 경우보다 더했으면 더했지 덜하지 않았다. 그러나 우리 민족이 중국에 대해서 갖는 생각은 달랐다. 조선시대 이후 사대주의가 한반도에 뿌리내리면서, 중국은 한국의 상위에 있다는 인식이 확고해졌다. 즉, 양국의 위계질서가 분명했기 때문에, 중국이 한국을 침략해도 어느 정도 어쩔 수 없다는 체념이 있었다.

그러나 한국보다 하위에 있는 일본의 침략은 그렇지 않았다. 그것은 윗사람이 때리면 할 수 없이 참아야 하지만, 아랫사람이나 하인이 때리면 참을 수 없다는 심리와 마찬가지다. 우리가 일본에 대해 갖는 '르상티망'의 감정은 이렇게 복잡하고 뿌리가 깊다. 이런 감정은 단기간에 바꾸기 힘들 것이다. 그렇다고 해서 이대로 방치하는 것도 능사가 아니다. 어쨌든 양국관계의 회복과 정상적인 교류를 위한 해법의 모색은 필요하다.

'똘레랑스'와 발상의 전환

일본과의 관계 정상화를 위해서는 일본이 한국을 침략한 근대사를 객관적으로 이해하고 평가하지 않으면 안 된다. 일본은 존왕양이(尊王攘夷)를 기치로 막부를 타도한 개혁파가 탈아입구(脫亞入

歐)를 목표로 하여 메이지유신(明治維新)을 완성했다.[16] 부국강병을 이룬 일본은 제국주의 정책을 내세워 청일전쟁과 러일전쟁에 승리했다. 경쟁자를 물리친 일본은 바로 한국을 병합했다. 그렇게 한국은 속절없이 제국주의 침략의 희생자가 되었다.

한반도의 지배만으로 성에 차지 않았던 일본은 만주사변을 일으켜 대륙을 침략했다. 일본의 대륙 침략을 탐탁지 않게 여기던 서구 열강은 국제연맹을 통해 바로 일본을 견제했다. 그러나 일본은 이에 굴하지 않고 중일전쟁을 일으켜 만주를 넘어 중국 내륙으로 침략을 확대했다. 결국 일본은 태평양전쟁을 일으켜 미국에 도발했지만, 비참하게 패전을 맞는다. 한국은 미국의 승리로 겨우 독립했다.

만약 일본이 무모하게 진주만을 공격하지 않고 미국과 적당하게 타협했다면, 동북아의 역사는 지금과 많이 다를 것이다. 한국은 더 늦게 독립했거나, 아직 일본의 식민지로 남아 있을 수도 있다. 만주를 포기했다면, 일본은 훨씬 더 강대국이 될 수 있었다. 소련의 팽창이나 중국의 정치적 상황도 달라졌을 것이다. 그만큼 일본의 팽창과 축소는 오늘날 국제질서에 심대한 영향을 미쳤다.

일본이 근대사의 주연으로 부침하는 동안 한국은 초라한 조연으로 일본에 끌려다녔다. 더구나 일제로부터의 해방도 우리의 힘으로 달성하지 못했다. 침략과 정복이 현실이던 당시의 사정을 감안해도, 우리의 역사는 너무 서글프다.

그러나 우리는 이런 치욕의 역사를 외면해서는 안 된다. 치욕으로부터 교훈을 배우고, 이를 되풀이하지 않는 것이 중요하다. 일본의 잘못만 탓하거나 비난하는 것은 오히려 우리에게 득이 되지 않는다. 당시의 국제정치적 상황에서 한국의 위상을 있는 그대로 인정하면 된다.

그런 맥락에서, 이제 우리는 일본의 현실적인 사과를 받아들일 필요가 있다. 정권이 바뀔 때마다 합의를 번복하는 것은 명분이 없다. 정치인들이 **'전가의 보도'**처럼 꺼내는 **'친일 프레임'**에 더 이상 휩쓸리지 않도록 하자. 국익을 고려하지 않는 정치인의 즉흥적인 주장은 주목할 필요도 없다. 영원한 적도, 친구도 없는 국제사회에는 오직 영원한 국익이 있을 뿐이다. 냉혹한 국제사회에서 국익을 극대화할 수 있는 실리 외교보다 더 절실한 가치는 없다.

'똘레랑스'는 관용(寬容)이라는 말로 많이 사용된다. 관용은 사상이나 이념, 종교, 인종, 지위가 다르더라도 상대방을 인정하는 정신을 말한다. 자기와 다른 타자를 적극적으로 포용하지 않더라도, 적대적으로 대하거나 비난하지 않는 것이 중요하다. 융합은 아니지만 최소한 공존은 해야 한다는 것이다. 관용의 정신은 미국과 같은 다민족 사회에서는 절대적으로 필요한 가치다.

국제사회에서도 관용은 당연히 필요하다. 이념이 아닌 인종과 종교적 갈등이 끊이지 않는 지금의 국제사회에서 관용은 공존을 위한 필수조건이 된다. 관용은 강자나 지배자가 약자에게 베푸는 것만도 아니다. 따라서 약자나 피해자도 얼마든지 강자에게 관용을 베풀 수 있다. 그런 의미에서, 관용은 정확하게 '르상티망'의 대척점에 위치한다. 우리가 일본에 대하여 갖는, 뿌리 깊은 '르상티망'의 감정은 이제 '똘레랑스'로 바꿀 때가 되었다.

제 2 장

정치인에게 일본이란 무엇인가?

제 2 장 정치인에게 일본이란 무엇인가?

창씨개명을 했던 여러 대통령들은 일본어를 구사할 줄 알았고, 일본 문화에 대한 이해가 깊었다. 단지 국민들의 반일 정서로 그런 사실을 드러내지 않았을 뿐이다. 김영삼 대통령은 역사를 바로 세우기 위해 중앙청을 폭파·해체했고, 일본의 버르장머리를 고치겠다고 했다. 그러나 IMF사태를 당하여 일본에 원조를 요청했으나 냉정하게 거절당했다. 김대중 대통령은 김대중·오부치 선언으로 일본문화를 개방했다. 노무현 대통령은 독도에 대한 대국민담화를 발표했고, 이명박 대통령은 독도를 방문했다. 두 전직 대통령은 임기 말 낮은 지지율의 회복을 위해 독도 문제를 이용했다.

4. 대통령의 창씨개명

다카키 마사오

　박정희 대통령을 친일파라고 비난하는 사람들은 흔히 그가 "다카키 마사오(高木正雄)라는 일본식 이름을 사용했으며, 만주군 장교로 독립군을 토벌했다"는 것을 근거로 든다. 그래서 그는 민족의 반역자가 될 수밖에 없다고 주장한다. 2012년 12월 제18대 대선 토론회 당시, 통합진보당의 이정희 후보도 이런 문제를 다음과 같이 제기했다.

"외교의 기본은 주권을 지키는 것입니다. 충성혈서를 써서 일본군 장교가 된 다카키 마사오, 누군지 알 겁니다. 한국 이름 박정희. 해방 후 군사 쿠데타로 집권했는데, 굴욕적인 한일협정을 밀어붙인 장본인입니다. 뿌리는 속일 수 없습니다. 친일과 독재의 후예인 박근혜 후보와 새누리당은 날치기해서 만든 한미FTA로 우리의 경제주권을 팔아먹었습니다."

이정희 후보는 박정희 대통령이 나이 문제로 만주 군관학교에 입학하기 힘들어지자 혈서를 써서 일제에 충성을 맹세했다는 것, 군사 쿠데타로 정권을 찬탈했다는 것, 굴욕적인 한일협정을 체결했다는 것, 그리고 그 후예인 박근혜 후보와 새누리당이 경제주권을 미국에 팔아먹었다는 것을 조목조목 주장했다. 그것은 대선 토론이라기보다는 3공화국 이후 한국의 성장과 발전 과정 자체를 부인하는 신랄한 비판이었다.

이정희 후보의 발언에 발끈한 새누리당의 박근혜 후보는 통합진보당의 정체성 문제를 제기하기도 했다. 두 사람의 날선 공방 때문에 다카키 마사오라는 이름은 다음 날 포털 검색순위 1위에 올랐다. 어쨌든 이정희 후보의 과격한 발언으로 박근혜 후보가 대통령에 당선될 수 있었다고도 한다. 토론의 공방에서 알 수 있듯이, 친일과 친미, 독재는 진보 진영의 보수 진영에 대한 공격의 단골 메뉴가 되었다.

역대 대통령 중, 박정희 대통령만 일본식으로 창씨개명을 한 것은 아니다. 최규하 대통령은 우메하라 게이이치(梅原圭一), 김영삼 대통령은 가네무라 고스케(金村康右), 김대중 대통령은 도요다 다이쥬(豊田大中), 그리고 이명박 대통령은 쓰키야마 아키히로(月山明博)라는 일본식 이름을 가졌다. 그러나 이승만, 윤보선, 전두환, 노태우 등 네 대통령은 창씨개명을 하지 않았다. 해방 후에 출생한 노무현, 박근혜, 문재인 등 세 대통령도 당연히 일본식 이름이 없다.

박정희 대통령과 최규하 대통령은 식민지 시대에 이미 청년으로서 일본 유학까지 했기 때문에 스스로 창씨개명을 한 것으로 보인다. 김영삼과 김대중 두 대통령은 창씨개명을 했을 때 각각 13세와 15세의 청소년이었기 때문에, 본인의 판단으로 그렇게 하지는 않은 것 같다. 이명박 대통령은 1941년 12월 일본에서 태어나 해방 직후 귀국했는데, 당시 나이를 감안하면 창씨개명 문제는 본인의 의사와 아무런 연관이 없다고 할 수 있다.

이 중에서 박정희 대통령의 창씨개명 문제가 집중적으로 비난의 대상이 된다. 박 대통령은 다른 대통령들과 달리 본인의 출세를 위해 일제에 부역했다는 것이 주된 이유다. 그가 일본군 장교로 독립군 토벌에 참가했다는 주장은 입증되지 않았지만, 어쨌든 혈서까지 써서 일본군 장교가 됐다는 것은 부인하기 힘든 사실이다. 육영수 여사도 생전에 남편의 친일 행적과 좌익 전력에 대한 국민의 비난을 잘 알고 있다고 밝힌 바 있다.

[표 1] 역대 대통령의 일본식 씨명과 발음

한글 성명	한자	일본식 씨명	한자
박정희	朴正熙	다카키 마사오	高木正雄
최규하	崔圭夏	우메하라 게이이치	梅原圭一
김영삼	金泳三	가네무라 고스케	金村康右
김대중	金大中	도요다 다이쥬	豊田大中
이명박	李明博	쓰키야마 아키히로	月山明博

창씨개명의 강요

창씨개명(創氏改名)은 1940년 일제가 조선인들의 성명(姓名)을 일본식 씨명(氏名)으로 바꾸도록 강제한 것을 말한다. 조선총독부는 일본에 비해 조선의 성은 그 수가 많지 않아서 동명이인이 많고, 따라서 우편배달, 납세고지, 재판업무 등 행정상 불편한 점이 많았다는 점을 지적했다. 그래서 이런 문제를 해결하기 위해 조선인의 창씨개명을 장려했으며, 이는 강제적이지 않았다고 주장했다.

그러나 사실 창씨개명은 일제가 조선인의 민족의식을 없애고 천황에 대한 충성을 강요하기 위해 시행되었다. 내선일체와 황국신민화를 장려한다는 것은 행정편의와 함께 핑계에 지나지 않았다.[17] 총독부의 의도는 조선인에 대한 징병제의 도입을 준비하려는 데에도 있었다. 그래서 창씨개명을 하지 않은 조선인에게는 적지 않은 불편과 압력이 따랐다. 그런 압력 때문에 당시 조선인의 80% 이상이 창씨개명을 할 수밖에 없었다.[18]

창씨개명 문제는 이렇게 차별과 직접 연관돼 있어서, 문중이나 집안 차원에서 이를 고민하는 경우가 많았다. 노무현 대통령은 부모가 오카모토(岡本)라고 창씨했다는 사실 때문에 친일 문제로 고민했다고 밝힌 바 있다. 해방 후 세대로 처음 대통령이 된 그에게도 집안의 창씨개명 이력은 부담이 된 것이다. 그러나 창씨개명을 했다는 사실만으로 그 사람을 친일파라고 비난할 수는 없다.

당시 자신의 성명을 일본식 씨명으로 바꾸면서 혈족의 정체성을 남기려는 사람도 많았다. 박정희 대통령의 경우가 그렇다. 다카키(高木)는 본관인 고령에서 고(高)자를, 박(朴)에서 목(木)자를 따온 것이었고, 마사오(正雄)는 본인의 이름에서 정(正)자를 가져온 것이었다. 김영삼 대통령이 가네무라(金村)라고 한 것처럼, 김씨는 김을 살려서 가네무라라고 하는 경우가 많았다.

최규하 대통령과 김대중 대통령은 자신의 성을 살리지 않고, 각각 우메하라(梅原)와 도요다(豊田)라고 창씨했다. 다만 최규하 대통령은 규하의 규(圭)를 살려서 게이이치(圭一)라고 개명했고, 김대중 대통령은 한자 이름을 그대로 살려 다이쥬라고 일본식으로 읽었다. 이명박 대통령도 일본에 있던 가족이 모두 쓰키야마(月山)라고 창씨했는데, 이름은 명박(明博) 그대로 써서 아키히로라고 읽었다.

창씨개명을 한 대통령 중, 다카키나 가네무라처럼 자신의 뿌리를 잊지 않으려고 조선의 성에서 일부를 가져온 경우도 있고, 우메하라나 도요다, 쓰키야마처럼 조선의 성을 버리고 일본식으로 완전히 창씨한 경우도 있다. 혹자는 후자의 경우를 콕 집어 자신의 근본을 버린 친일파이자 반역자라고 비난한다. 그러나 사소한 부분을 들어 일부 대통령을 친일파라고 비난하는 것은 억지스러운 주장이다. 일본에 유학한 박정희와 최규하 두 대통령을 포함하여, 창씨개명을 한 대통령은 모두 당시의 시대적 상황을 감안하여 평가해야 한다.

5. 대통령의 일본어

일본어와 친일파 논란

박정희와 최규하 두 대통령은 모두 유창한 일본어를 구사했다. 박정희 대통령은 만주의 신경(지금의 장춘)에 있던 육군군관학교와 일본 육사를 졸업하고 일본군 장교로 근무했다. 최규하 대통령도 일본의 도쿄고등사범학교와 만주의 국립대동학원을 졸업하고 길림성에서 공무원으로 근무했다. 이런 이력을 가진 두 대통령의 일본어 능력은 당연히 뛰어났다. 김영삼과 김대중 두 대통령도 일본어로 의사소통을 하는 데 전혀 문제가 없었다. 두 대통령은 일본 언론과의 인터뷰도 일본어로 자연스럽게 하는 수준이었다.

그런데 우리나라의 대통령은 공식석상에서 일본어를 말하지 않는다. 대통령은 한일 간의 정상회담이나 일본 정치인과의 공식적인 접견은 물론이고, 일본에서의 연설도 한국어로 한다. 모국어 외 제2언어(second language)를 공식석상에서 구사하는 외국 정상들은 적지 않은데, 한국의 대통령들은 그렇지 못하다. 일본어에 관한 한, 그것을 공식석상에서 말한다는 것은 한국의 대통령에게 일종의 금기에 가까운 불문율이 됐다. 일본어를 말하는 것은 친일파라는 비난에 직면하는 지름길이다.

그러나 사석에서는 이야기가 달라진다. 박정희 대통령은 일본 정치인은 물론이고 친밀한 한국인과의 자리에서도 일본어로 자주 대화를 나누었다고 한다. 김영삼 대통령은 퇴임 후 2003년 일본 후지TV와의 인터뷰에서, "한국의 대통령이 일본어로 말한다면 그에 대해 엄청난 저항과 반발이 있지만, 나는 2002년부터는 공개적으로 편하게 일본어로 말하기로 했다"라고 밝힌 바 있다. 그만큼 대통령이 일본어로 대화한다는 것을 공개한다는 것 자체가 쉽지 않은 일이었다.

나는 김영삼 대통령의 일본어 실력을 직접 확인한 적이 있다. 나는 1990년 11월 6·3동지회가 주최한 학술 행사에서 게이오대학의 구리바야시 타다오(栗林忠男) 교수와 함께 당시 김영삼 민자당 대표를 만났다. 내 지도교수였던 구리바야시 교수는 김영삼 대표에게 영어로, "만나서 반갑습니다. 일본 게이오대학의 구리바야시 교수라 합니다(I am very honored to see you. I am professor Tadao Kuribayashi at Keio University, Japan)"라고 정중하게 인사했다.

그러나 김영삼 대표는 일언반구도 없이 그대로 돌아서버렸다. 우리는 뜻밖의 사태에 적잖이 당황했다. 예상치 못한 정치인의 반응에 지도교수는 순간적으로 얼어 버렸다. 나는 지도교수에게 5분쯤 후에 똑같은 내용을 일본어로 다시 말해보라고 권했다. 잠시 후, 지도교수는 다시 우리 쪽으로 온 김영삼 대표에게 정확하게 같은 내용을 일본어로 말했다.

극적인 반전이 일어났다. 김영삼 대표는 순식간에 환한 표정을 지으며, 유창한 일본어로 답하고 또 물었다. 다음과 같은 대화가 오고 갔다.

"아, 그래요? 정말 반갑습니다. 게이오대학은 후쿠자와 유키치가 만든 일본 최고의 사학이지요. 구리바야시 교수님, 전공은 무엇입니까?"
"저는 법학부 소속으로, 국제법이 전공입니다. 학생처장을 오래 맡았습니다."

"그러면 오코노기 마사오 교수를 잘 아시겠네요."
"네, 아주 친하게 지내는 후배 교수입니다. 한국통이지요."

"오코노기 교수는 한국을 잘 알고, 우리의 민주화를 이해하는 훌륭한 교수입니다."

"저도 그렇게 듣고 있습니다. 대표님의 신념과 용기를 높게 평가하는 교수죠."

"그 분은 서울에 오시면 반드시 제게 들릅니다. 제게 여러 가지 조언을 해주시지요. 도쿄에 돌아가시면, 제 안부를 꼭 전해주세요."

"네, 그렇게 하겠습니다. 대표님도 항상 건승하시고, 정치적 꿈을 반드시 이루시기 바랍니다."

나는 한마디의 영어도 안 한, 또는 못한 김영삼 대표의 유창한 일본어 실력에 놀랐다. 그 정도로 일본어를 자유롭게, 그것도 겸양어와 존경어를 정확하게 구분하여 말할 수 있는 한국인은 거의 없기 때문이다. 겸양어와 존경어의 적절한 사용은 일본인에게도 어렵다. 어쨌든 차기 대통령을 노리는 여당 대표가 일본 학자와 일본어로 환담과 덕담을 주고받는 광경은 충격적이었다. 그 후 지도교수도 가끔 그날의 해프닝을 이야기하면서 김영삼 대통령의 일본어 능력을 칭찬했다.

일본문화와 일본어

외국어에 능통한 사람은 소통의 장벽을 넘어서 외국의 문화와 정보를 직접 소화할 수 있다. 그렇지 못한 대부분의 사람은 번역 작업으로 해석된 원작을 접할 수밖에 없다. 자막이 있는 영화나 번역서는 원작의 뉘앙스를 관객과 독자에게 온전히 전달하지 못한다. 번역 시스템이나 수단이 아무리 발달해도 그런 한계는 쉽게 극복되지 않을 것이다. 그래서 우리는 힘들게 외국어를 배우거나 외국으로 유학을 간다.

그런데 식민지 시대를 경험한 한국인들에게는 그런 불편함이 없다. 일본어에 익숙한 과거 세대는 일본문화를 그대로 받아들이고 이해할 수 있었다. 게다가 일본어는 한국어와 같은 우랄·알타이어 계통에 속한다는 이점도 있다. 그런 언어적 유사성으로, 한국인에게 일본어는 다른 언어에 비해 접근성과 초기 학습이 용이하다. 그래서 일제 강점기를 경험한 대통령과 그 세대는 일본어와 일본문화에 익숙했다.

그러나 한국의 대통령들은 오랫동안 일본의 대중문화를 개방하지 않았다. 일본어에 능통했던 박정희 대통령이나 김영삼 대통령을 비롯하여 전두환, 노태우 두 대통령도 그런 정책을 취했다. 일본의 대중문화에 대한 빗장을 풀기 위해서는 친일파라는 비난과 국민적 저항을 극복해야 하는데, 일본문화를 잘 아는 대통령이라도 그런 개방정책을 취하기는 쉽지 않았다.

결국 일본에 대한 문화적 쇄국정책을 바꾼 것은 김대중 대통령 때였다. 김대중 납치사건의 당사자인 그는 일본에 화해와 용서를 내세워 전향적인 조치를 취할 수 있었다. 한일 양국의 정상은 김대중·오부치 선언으로 한일협력을 위한 새 지평을 열었다. 김 대통령은 1998년 10월부터 2004년 1월까지 네 차례에 걸쳐 일본문화를 단계적으로 개방했다. 처음에는 이에 대하여 많은 저항이 있었지만, 지금은 양국의 문화개방이 당연하고 옳다는 것을 부인하는 사람은 없다.

한국과 일본이 대중문화 시장을 개방한 지도 20여년이 지났다. 양국의 문화교류는 한국에 압도적으로 유리한 결과를 가져왔다. 문화 콘텐츠로 우리가 일본으로부터 얻는 수익은 일본의 한국에 대한 수익보다 10배가 넘는다. 한국 영화나 음악 등 한류의 세계적 인기를 고려하면, 이는 단순한 금액이나 물량의 문제가 아니다. 우리 문화의 저력을 믿고 대중문화 시장을 개방한 김대중 대통령의 판단은 옳았다.

양국의 경제적 교류도 마찬가지다. 일본 상품에 대한 불매운동이나 일본 여행의 취소도 우리에게 손해라는 것을 이해하지 않으면 안 된다. 경제든 문화든 양국의 교류는 자연스럽게 흐르게 하는 것이 중요하다. 우리는 대중문화 교류의 성과를 잊지 말아야 한다. 정치가 경제나 문화를 지배하면 안 된다는 것은 경험적으로 증명되었다.

어쨌든 대통령이나 정치인이 유창한 일본어 실력을 대중에게 피로(披露)하지 못하는 것은 부자연스럽다. 우리 사회가 일본어에 대해 갖는 거부감은 많이 없어졌지만, 적어도 정치의 영역에서 그에 대한 금기는 아직 존재한다. 이런 사정은 일본이라는 화두가 여전히 우리에게 미묘하고 복잡한 대상으로 남아 있다는 것을 말해준다. 정치인의 일본어에 대한 알레르기도 양국의 문화개방처럼 자연스럽게 접근할 필요가 있다.

6. 대통령의 대일관

버르장머리를 고쳐주겠다

박정희 대통령은 집권과 동시에 한일관계의 정상화를 국정의 우선적 과제로 설정했다. 일본과의 국교 재개를 통해 경제개발의 종잣돈을 마련할 목적이었다. 그러나 일본은 식민지 지배에 대한 사죄를 거부하고, 경제적 지원을 위한 일정 금액을 지급하겠다고 했다. 지난(至難)한 협상과정을 거쳐 한일관계는 정상화됐지만, '한일기본관계조약'과 '청구권협정'은 국내의 엄청난 반대에 직면하게 된다. 그래서 박 대통령은 개인적 성향과 무관하게 반일정책을 펼 수밖에 없었다. 전두환, 노태우 두 대통령의 대일정책도 그런 테두리에서 크게 벗어나지 않았다.

김영삼 대통령은 더욱 강경한 반일정책을 폈다. 군정 종식이라는 슬로건으로 대통령이 된 그는 일본도 과거사 문제를 정리해주기를 원했다. 국내적으로 역사 바로 세우기 차원에서 군사독재와 일제의 잔재를 청산하기 위한 여러 조치를 취했다. 그 중에서 일제의 식민지 통치의 상징인 중앙청을 폭파·철거한 것은 압권이었다.

홍승기 인하대 교수는 총독부 청사로 시작한 중앙청은 대한민국의 현대사를 오롯이 간직한 곳이라고 평가한 바 있다. 그는 이곳에서 아베 노부유키(安部信行) 조선 총독이 존 하지 미군 중장에게 항복문서를 내밀었고, 제헌국회가 개원했고, 건국헌법을 공포했으며, 초대 정·부통령 취임식과 대한민국 정부수립 선포식도 했다고 설명했다. 그리고 대한민국 대통령이 집무실로 썼고, 북한이 조선인민군 사령부로도 이용한 이 공간을 우리의 대통령이 광복 50주년 이벤트로 철거해버렸다고 애석해했다.[19]

김 대통령은 취임 후 위안부 문제가 제기됐을 때 일본에 금전적 보상이 아닌 제대로 된 사과를 요구했다. 일본의 영토와 과거사 문제에 대한 망언이 계속되자, 그는 1995년 11월 한중 정상회담 후 "일본의 버르장머리를 고쳐주겠다"고 선언했다. 이는 김 대통령이 경험한 일제의 지배와 군사정권에 대한 반발이 극단적으로 표현된 것이었다. 김 대통령은 일본과 야합한 군사정권과 달리 문민정부는 일본에 당당해야 한다고 역설했다.

국민들은 거침없는 대통령의 발언에 열광했다. 그러나 일본인들은 크게 당황해했다. 나는 당시 일본의 지인들로부터 '버르장머리'의 뜻이 무엇인지 알려달라는 질문을 여러 차례 받았다. 그래서 "미묘한 뉘앙스를 전달하기는 어렵지만, 그것은 아랫사람의 나쁜 태도를 고쳐준다는 뜻을 포함한다"고 힘들게 설명했다. 나의 힘든 설명에 많은 일본인들이 놀란 표정을 지었던 기억이 아직도 새롭다.

주객이 전도된 허풍

대통령과 국민은 값비싼 대가를 치렀다. 국민들에게 시원했던 대통령의 발언은 국가부도라는 부메랑이 되어 돌아왔다. 1997년 말 IMF 사태라는 미증유의 외환위기가 발생한 것이다. 우리는 일본에 도움을 청했지만, 일본은 일언지하에 우리의 손을 뿌리쳤다. 냉랭해진 한일관계를 초래한 반일정책의 후유증은 너무 컸다.

강경식 경제부총리는 회고록에서 당시의 긴박한 상황을 다음과 같이 전하고 있다.

"상환 능력에 대한 불안감이 확산되면서, 평소에 90% 이상이던 단기 외채의 만기 갱신 비율이 60% 이하로 떨어지기 시작했다. 외환보유고가 급격히 감소하기 시작했고 더 이상 견딜 수 없었다. 엄낙용 차관보(후에 한국산업은행 총재 역임)가 외환시장

동향이 심상치 않다고 하면서, 긴급자금지원 요청을 위해 일본에 다녀오겠다고 했다…

엄 차관보는 1997년 11월 10일 방일해서 미스터 엔(Mr. Yen)으로 널리 알려진 일본 대장성 사카키바라(榊原英資) 차관보를 만난 후 11일 귀국했다. 방일 성과는 아무것도 없었다. 양국 간 협력은 처음부터 기대하지 않았던 일이었지만 일본은행이 한국은행에 대한 통화스와프 지원은 가능하지 않겠는가, 하고 협력 가능성을 타진했으나 그것도 마찬가지로 안 된다고 했다는 보고였다. 즉 자금난 해소를 위한 지원은 IMF를 통해서만 하도록 이미 미국과 일본이 합의했기 때문에, 아무 것도 할 수 없는 입장이라고 했다."[20]

11월 19일 새 경제부총리로 임명된 임창열은 일본에 더욱 매달렸다. 미국과 일본이 이미 IMF를 통한 지원에 합의했는데도 당시 정치인들은 이를 받아들이지 않았다. 이승윤 전 부총리가 19일 특사로 일본에 파견되어 미쓰즈카(三塚 博) 대장상과 일본은행 총재에게 지원을 요청했지만, 냉정하게 거절당하고 21일 그냥 귀국했다.

임창열 부총리 자신도 28일 직접 일본으로 가서 200억달러의 지원을 요청했다. 미쓰즈카 대장상은 "IMF와 한국의 협의가 끝나면 IMF를 중심으로 국제적인 지원의 틀 안에서 관계국과 지원 규모를 협의하겠다. 한국이 IMF와 지원의 틀과 원칙에 조기 합의하기 바란다"고 했다. 신임 부총리는 일본의 지원 가능성이 없다는 사실을 직접 확인하고 29일 빈손으로 귀국했다.[21]

2년 전 일본에 큰소리쳤던 김영삼 대통령은 하시모토(橋本龍太郎) 총리에게 부탁했다가 거절당하고, 빌 클린턴(Bill Clinton) 대통령과의 통화에서 미국과 일본이 함께 IMF를 통해 지원하겠다는 확답을 겨우 받았다. 28일 오후 클린턴 대통령과의 통화가 끝난 후, 김영삼 대통령은 "이렇게 답답하기는 처음이야"라고 중얼거리며 수화기를 놓았다.[22] 일본의 사과를 대놓고 요구하던 호기는 온데간데없었다. 정제되지 않은 대통령의 외교적 언사는 이렇게 파국의 지름길이 됐다.

외교의 요체는 국익의 극대화다. 대통령은 국제정세를 정확하게 읽고, 올바른 외교의 정책 방향을 제시해야 한다. 어떤 정책이 국가와 국민을 위하는 것인지 알아야 한다. 근시안적 포퓰리즘 정책은 국익에 반하는 경우가 많고, 국가의 대외 협상력을 저해한다. 김영삼 대통령의 반일정책은 국익을 해친 최악의 외교적 실패였다. 버르장머리를 고치겠다던 대통령의 허풍은 그렇게 주객이 전도돼 버렸다.

대통령의 대일 독트린

노무현 대통령과 고이즈미 준이치로 총리는 2003년 6월 도쿄에서 열린 정상회담에서 2005년을 한일 우정의 해로 지정하는 공동 선언문을 발표했다. 한일 수교 40주년이 되는 2005년을 계기로 양 국의 교류를 확대·발전시키겠다는 구상이었다. 그러나 일본의 교 과서 문제와 독도에 대한 영유권 시비를 계기로 한일관계는 다시 경색됐다. 2005년 3월 시마네(島根)현이 독도의 날에 대한 조례를 통과시키면서 양국관계는 더 나빠졌다.

노 대통령은 2006년 4월 25일 독도 문제와 한일관계에 대한 대 국민담화를 발표했다. 그는 독도가 단순한 영유권 문제가 걸려 있 는 섬이 아니라, 한일 간의 과거사가 착종하는 우리의 영토라는 점 을 분명히 했다. 즉, 일제의 침략을 상징하는 역사적인 의미를 독도 에 부여하면서, 일본의 반성을 촉구한 점이 주목된다. 독도 문제로 시작된 담화문이지만, 전체의 흐름은 일본의 역사 인식을 비판한 것이다.

"존경하는 국민 여러분, 독도는 우리 땅입니다. 그것은 특별 한 역사적 의미를 가진 우리 땅입니다. 독도는 일본의 한반도 침탈 과정에서 가장 먼저 병탄된 역사의 땅입니다. 일본이 러일 전쟁 중에 전쟁 수행을 목적으로 편입하고 점령했던 땅입니다.
우리 국민에게 독도는 완전한 주권회복의 상징입니다. 야스 쿠니신사 참배, 역사교과서 문제와 함께 과거 역사에 대한 일본 의 인식, 그리고 미래의 한일관계와 동아시아의 평화에 대한 일본의 의지를 가늠하는 시금석입니다. 일본이 잘못된 역사를 미화하고 그에 근거한 권리를 주장하는 한, 양국의 우호관계는 결코 바로 설 수 없습니다."[23]

노 대통령은 현실적으로 독도 주변 해역의 해양경계가 합의되지 못한 사실을 인정했다. 이는 동해의 해저지명 문제와 함께 일본이 독도에 대한 기점 주장을 포기하지 않아서 발생한 것이라고 주장했다. 그래서 더 이상 독도에 대한 '조용한 외교'를 견지하지 않고, 적극적으로 대응하겠다고 했다. 독도의 분쟁지역화 우려가 있지만, 잘못된 역사의 청산을 위해 단호하게 대처하겠다고 했다.

"정부는 독도 문제에 대한 대응방침을 전면 재검토하겠습니다. 독도 문제를 일본의 역사교과서 왜곡, 야스쿠니신사 참배 문제와 더불어 한일 양국의 과거사 청산과 역사인식, 자주독립의 역사와 주권수호 차원에서 정면으로 다루겠습니다. 물리적 도발에 대해서는 강력하고 단호하게 대응하겠습니다. 일본 정부가 잘못을 바로잡을 때까지 국가적 역량과 외교적 자원을 모두 동원하여 노력할 것입니다."[24]

노 대통령은 일본 국민과 지도자들에게 새로운 사과를 요구하는 대신, 사과에 부합하는 행동을 해달라고 요청했다. 잘못된 역사를 미화하거나 정당화하여 한국의 주권과 국민적 자존심을 모욕하지 말아달라고 호소했다. 그것이 국제사회에서 일본의 위상을 인정하는 길이라고 강조했다. 노 대통령의 담화는 역대 대통령의 대일정책 중 가장 강력한 내용을 담은 것이었다.

대통령의 독도 방문

이명박 대통령도 취임 후 일본과의 협력을 위해 노력했다. 그러나 독도 문제와 역사 문제가 발목을 잡았다. 임기 말에 위안부 문제 합의가 불발되면서 양국관계는 계속 나빠졌다. 결국 이 대통령은 2012년 8월에 독도 방문이라는 초강수를 두었다. 우리 역사상 최초로 현직 대통령이 독도를 방문한 것이다. 게다가 식민지 지배의 잘못을 천황이 사죄해야 한다는 발언까지 보도되는 바람에 한일관계는 급격하게 냉각됐다.

물론 대통령은 당연히 자국의 영토를 방문할 수 있다. 그러나 독도 방문으로 얻을 수 있는 실익과 독도의 분쟁지역화라는 부담을 감안하여 판단하지 못한 점은 아쉽다. 대통령의 독도 방문은 일본인들에게 독도 문제를 홍보하는 계기가 됐다. 그들은 북방영토(남쿠릴열도)나 센카쿠열도(디아오위다오)에 비해 독도 문제는 잘 알지도 못했고 관심도 없었다. 그래서 일본의 우익이나 보수 정치인은 한국 대통령 덕분에 독도에 대한 인식이 확대됐다고 흐뭇해한다.

이명박 대통령은 침체된 경제의 회복을 최우선 공약으로 내세워 당선됐다. 그는 서울시장으로 재임하면서 청계천 복원과 대중교통체계 개편으로 시민의 적극적인 지지를 얻었다. 기업인 출신으로 경제를 살릴 적임자라는 기대도 한 몸에 받았다. 그는 광우병 문제로 홍역을 치렀지만, 결국 한미 FTA를 성공시켜 한미관계를 발전시켰다. 그는 금융위기 극복이나 원전 수출과 같은 대외 업적을 남겼다. 그러나 그는 대일관계에서 독도 방문이라는 논란거리를 남겼다.

이렇게 노무현, 이명박 두 대통령은 독도 문제를 정치적으로 이용했다. 두 사람 모두 임기 말에 낮은 지지율의 회복을 위해 그런 정책을 취했다는 공통점이 있다. 그러나 한일관계는 아주 악화돼 버렸다. '버르장머리' 논란과 함께, 대통령의 독도 방문은 국익에 반하는 포퓰리즘 외교정책으로 정치인들에게 나쁜 선례가 되었다.

지난 10월 7일 이재명 대표가 동해에서의 한미일 군사훈련을 '극단적인 친일 행위이자 친일 국방'이라고 비난한 것은 전형적인 반일 선동이었다. 만약 그의 주장대로 우리 사회가 또 반일 포퓰리즘에 휘둘린다면, 한국의 외교는 다시 방향을 잃고 표류할 것이다. 야당의 철겨운 반일 선동이 언제까지 먹혀들 수 있을지 귀추가 주목된다.

윤봉길 의사와 한국의 독립

제 3 장 윤봉길 의사와 한국의 독립

1932년 4월 29일 윤봉길 의사의 상해의거로 노무라 기치사부로(野村吉三郎) 해군 중장은 오른쪽 눈을 실명했고, 시게미쓰 마모루(重光葵) 공사는 오른쪽 다리를 절단하는 중상을 입었다. 노무라는 태평양전쟁 개전 직전 주미대사로 워싱턴에 부임했고, 시게미쓰는 일본의 패전 후 외무대신이 됐다. 노무라는 1941년 12월 7일 진주만 공습 후 1시간 뒤에 '대미각서'를 국무부에 전달했다. 시게미쓰는 미주리호 갑판에서 일본의 '항복문서'에 서명했다. 장제스(蔣介石)는 상해의거로 김구와 임시정부를 전폭적으로 지지하게 됐고, 카이로 선언에서 루스벨트와 처칠을 설득하여 한국의 독립을 명시하게 했다. 카이로 선언은 포츠담 선언으로 이어졌고, 한국의 해방은 샌프란시스코 평화조약으로 확인됐다. 윤의사의 상해의거는 임시정부와 독립운동의 방향을 바로잡은 쾌거이자, 동북아의 국제질서를 바꾼 대사건이었다.

7. 자신을 버리고 조국을 살린 청년

장부 출가 생불환(丈夫出家生不還)

1932년 4월 29일, 상해의 홍구공원. 윤봉길 의사는 민족의 자존심을 세운 거사를 성공시켰다. 윤 의사의 폭탄 투척으로 천황의 생일 천장절 행사장은 순식간에 아수라장이 되었다. 상해사변의 승리로 대륙 침략의 기치를 올리려던 일본은 충격을 받았다. 윤 의사의 의거는 단순한 개인의 항거가 아니었다. **그것은 임시정부와 독립운동의 방향을 바로잡은 쾌거이자, 동북아의 정치질서를 강타한 대사건이었다.**

일본군 수뇌부가 입은 피해는 막심했다. 상해 파견군의 총사령관 시라카와 요시노리(白川義則) 육군 대장은 열두 번의 수술을 받고 5월 26일 사망했다. 해군 제3함대 사령관 노무라 기치사부로(野村吉三郎) 중장은 한쪽 눈을 실명했다. 육군 제9사단장 우에다 겐키치(植田謙吉) 중장은 왼쪽 발을 절단했다.[25]

군인이 아닌 외교관과 관련자의 피해도 심각했다. 시게미쓰 마모루(重光 葵) 공사는 오른 쪽 다리를 절단하는 중상을 입었다. 상해 일본인 거류민단장 가와바타 데이지(河端貞次)는 다음날 사망했다. 무라이 구라마쓰(村井倉松) 총영사도 중상을 입었다. 도모노 모리(友野盛) 거류민단 서기장도 중상을 입었다. 요컨대, 윤봉길 의사의 거사로 상해의 일본 군사 · 외교 지휘부는 완전히 궤멸상태에 빠져 버렸다.[26]

상해의거 뉴스는 전 세계로 퍼졌다. 당시 중국 언론은 중국의 100만 대군이 하지 못한 쾌거를 조선인 청년 혼자 해냈다는 사실을 대서특필했다. 그때부터 장제스(蔣介石)는 우리 임시정부의 활동에 대해 전폭적인 지원을 아끼지 않았다. 상해의거로 중국인들의 조선인에 대한 태도도 호의적으로 바뀌었다. 그렇게 해서 중국에서 우리의 독립운동은 다시 활로를 찾았다. 그때 거사가 실패했다면, 임시정부는 침체에서 벗어나지 못하고 민족의 자존심과 정체성은 회복되지 않았을 것이다.

윤봉길 의사는 "대장부가 집을 나서면, 뜻을 이루지 않고 살아

상해의거를 앞 둔 윤봉길 의사

서 돌아오지 않는다"는 다짐을 실천했다. 1932년 이후 일본에 저항한 한국과 중국의 공조는 그의 숭고한 희생 때문에 가능했다. 장제스는 1960년대 말 윤봉길 의사의 공덕을 기리는 시를 다음과 같이 남겼다.

"천리를 따르고 거역하는 것을 분별하고, 옳고 그른 것을 분별하고, 대의를 밝히고, 살고 죽는 것을 알고, 바른 기운을 세상에 남겨, 천지 사이에 의를 취하여 어진 것을 이루었으니, 그 업적 길이 빛나리라!"[27]

윤봉길 의사가 우리 근대사에 남긴 족적은 뚜렷하다. 특히 일본의 패망과 한국의 독립 과정에 그가 미친 영향은 심대하다. 동북아의 국제관계는 상해의거가 없었으면 다른 방향으로 전개됐을 것이다. 그런 맥락에서, 그의 업적이 임시정부의 활동과 일본의 침략전쟁 및 전후질서의 재편에 대해 갖는 함의를 살펴보자.

임시정부의 탄생과 독립운동

1919년 3·1운동 후, 애국지사들은 4월 10일 상해의 프랑스 조계에서 임시의정원을 구성하여 제1회 회의를 열었다. 그들은 제1회 회의에서 새로운 국가의 국호를 대한민국으로 결정하고, 국가를 운영하기 위한 임시정부를 조직했다. 4월 17일에는 임시정부의 첫 헌법인 '대한민국 임시헌장(大韓民國臨時憲章)'을 제정·공포했다. 임시헌장에 대한민국의 임시정부와 임시의정원이 행정부와 입법부의 역할을 한다는 내용이 명시됐다. 기본권과 인민의 의무도 규정됐다.

그렇게 해서 초보적인 민주공화제 형태를 갖춘 상해 임시정부가 출범했다. 그러나 힘차게 출범한 임시정부는 시간이 흐르면서 활기를 잃어갔다. 한국에 대한 일제의 지배와 탄압이 공고해지면서, 독립의 가능성은 희박해지고 애국지사들은 흩어졌다. 독립운동가의 이념과 활동지역에 따라 독립운동도 여러 갈래로 나뉘게 된다.

그러던 중, 윤봉길 의사의 거사는 침체된 독립운동의 돌파구가 됐다. 김구와 임시정부는 일본의 탄압을 피해 중국 각지로 이동했다. 그들은 1932년부터 1940년까지 8년여 동안 5천2백km의 거리를 이동했다. 상해, 항주, 진강, 장사, 광주, 유주를 거쳐 중경에 이르는 동안 임시정부는 '강물 위에 뜬 망명정부'로, 그 시기는 '장정시대'로 불린다.[28]

임시정부의 요인들이 일제의 추적을 따돌리는 동안에도 독립운동은 계속됐다. 김구는 1933년 5월 장제스와 낙양군관학교에 한인특별반을 두기로 합의하여 11월에 이를 설치했다. 한인특별반의 정식 명칭은 '중국 중앙육군군관학교 낙양분교 제2총대 제4대대 육군군관훈련반 제17대'였다. 그는 1934년 12월에 중국 중앙육군군관학교에 한국특무대독립군을 조직했으며, 1935년 2월부터는 학생훈련소인 특무대예비훈련소를 운영하여 한인 청년들을 교육시켰다. 한국특무대독립군과 학생훈련소 대원은 한국국민당 청년단으로 재편성되어 나중에 한국광복군의 중심인물로 활동하게 된다.[29]

당시 김원봉도 1932년 가을에 조선혁명군사정치간부학교, 약칭 간부학교를 남경 근처에 설립하여 군사간부를 양성했다. 황포군관학교를 4기로 졸업한 그는 중국 국민당의 첩보기구인 삼민주의역행사의 지원으로 간부학교를 세웠다. 간부학교의 정식 명칭은 '중국국민정부 군사위원회 간부훈련반 제6대'였는데, 근대적인 군사지식의 교육과 훈련을 통해 군사간부가 양성됐다.[30]

중국 국민당은 임시정부가 잠행하는 동안 우리의 독립운동을 물심양면으로 지원했다. 장제스는 김구와 김원봉을 같이 원조했으며, 두 사람도 독립이라는 대의를 위해 협조하는 사이였다. 당시는 일본의 중국 침략이 본격화되면서 독립운동의 여건도 악화되고 있었다. 그런 와중에 좌우의 두 독립운동가가 설립한 군사간부 양성기관과 훈련시설은 독립투사를 양성하는 데 크게 기여했다. 한인특별반과 간부학교는 전자에, 한국특무대독립군과 학생훈련소는 후자에 해당된다.

이렇게 독립운동의 물줄기를 바꾼 윤봉길 의사는 거사 현장에서 체포됐다. 그는 재판에서 사형선고를 받을 때 다음과 같은 최후진술을 남겼다. 조국을 위해 순절한 25세 청년의 애국심과 역사에 대한 믿음은 우리의 가슴을 친다.

　"그대들은 나를 재판할 자격이 없다. 무슨 권한과 근거로 내게 극형을 내리는지 알지 못하겠다. 나는 대한의 전사로서 일본군에 대해 독립전쟁을 전개한 것이다. 그대들이 내 목숨을 거둔다 할지라도 내 독립정신은 죽이지 못할 것이다. 내 순절(殉節)의 씨앗은 머지않아 움이 돋아나 꽃을 피울 것이며, 나는 그러한 역사의 흐름을 굳게 믿으면서 일본 제국주의가 쇠망하는 날까지 지하에서 계속 싸우려고 한다."

8. 일본의 도발과 패망, '묘시파리'(眇視跛履)

노무라 기치사부로(野村吉三郎)

　일본은 1941년 12월 7일 진주만 기습공격으로 태평양전쟁을 시작했다. 공습 시간은 하와이 시간으로 오전 7시 49분이었고, 워싱턴 시간으로는 오후 1시 19분이었다. 그런데 주미 일본대사는 그보다 1시간가량 지난 2시 20분에 '대미각서'를 미 국무부에 전달했다. 애초에 일본은 공격 20분 전인 1시에 이를 전달하려 했으나, 대사관의 부주의로 예정보다 늦어졌다.[31] '선전포고'를 하지 않은 일본의 비겁한 공격은 미국의 분노를 샀고, 이는 3년 8개월 후 미국이 주저하지 않고 핵무기를 사용한 이유의 하나가 됐다.

일본의 대미각서는 무력사용이나 선전포고를 담지 않은, 교섭을 중단하겠다는 최후통첩에 불과했다. 그 내용은 "교섭을 통해 태평양의 평화를 유지하려는 일본의 희망은 사라졌다. 미국의 태도를 볼 때, 일본은 교섭을 계속해도 타결이 불가능하다고 생각한다"고 돼 있었다. 주미 일본대사의 대미각서를 받아본 코델 헐(Cordell Hull) 국무장관은, "50년 공직생활 중 이렇게 허위와 왜곡으로 가득한 문서는 처음 본다"고 분노했다.

국무부를 나서는 코델 헐(중앙)과 노무라 기치사부로(왼쪽)

이 대미각서를 국무부에 전달한 일본의 대사가 바로 노무라 기치사부로였다. 상해의거로 한쪽 눈을 실명한 그는 나중에 진주만 공격을 전혀 모르고 국무부를 방문했다고 변명했다. 파견국을 대표하는 외교관은 그런 식으로 주재국을 속이지 않는다고 강변했다. 그 주장의 진위는 알 수 없지만, 일본 외무성이 사전에 대미각서를 전하려고 한 것은 사실이다. 외무성은 적어도 공격 한 시간 전에 미국에 통고하기를 원했으나, 군부의 반대로 뜻을 이루지 못했다.

노무라는 국제법 위반이 초래할 외교적 파국을 잘 알고 있었다. 그는 해군에 있을 때부터 국제법에 정통한 군인이었다. 그는 1939년 9월 아베 노부유키(安部信行) 내각에서 외무대신으로 발탁됐다. 나중에 마지막 조선 총독이 된 아베는 당시 노무라의 국제법 실력을 그만큼 높게 평가했다. 노무라는 미국이 먼저 도발하지 않는 한, 일본은 미국과 전쟁을 하면 안 된다는 지론의 소유자였다. 그는 미일전쟁이 일어나면 재미 일본인은 당연히 미국을 위해 싸워야 한다고 주장해서 화제가 되기도 했다.

노무라는 외무대신으로 4개월 정도 근무한 후 1940년 1월 사임했다. 그리고 그는 11월 27일 주미대사로 부임하게 된다. 노무라는 그전에 주미 일본대사관에 무관으로 근무하기도 했고, 파리강화회의와 워싱턴회의에 일본 대표로 참가하기도 했다. 특히 그는 프랭클린 루스벨트(Franklin Roosevelt) 대통령과 같은 해군 출신으로 친분이 있었다. 일본 정부는 이런 점을 고려하여 그를 워싱턴으로 보냈다. 악화일로에 있던 대미관계를 개선할 적임자로 노무라 만한 인물도 없었다.

그는 이렇게 국제정세에 밝은 국제법 전문가였지만, 제대로 된 선전포고를 미국에 전달하지 못했다. 일본은 개전조약을 준수하지 못한, 엄중한 국제법 위반의 책임이 있었다. 개전조약은 1907년 제2차 헤이그평화회의에서 채택되고 1910년 1월에 발효했다. 일본은 이를 1911년 12월에 비준했다. 이 조약은 일본이 선전포고를 하지 않았던 러일전쟁을 계기로 성립한 것이다. 개전조약은 제1조에서 "체약국은 명시적인 사전의 통고 없이 상호 간에 전쟁을 개시할 수 없다"고 규정함으로써 각국의 개전에 대한 선전포고 의무를 분명히 했다.[32] 제2조에는 중립국에 대한 전쟁상태의 통고가 규정되었다.[33]

당시 일본 군부는 외교교섭의 단절이라는 최후통첩을 공습 직전에 전달하여 국제법 위반을 희석시키려고 의도했다. 물론 기습공격은 주미대사인 그의 책임은 아니다. 그는 바늘방석에 앉아 있는 기분으로 워싱턴에서 6개월가량 지냈다. 그는 1942년 6월 미일 양국이 합의한 억류자교환선을 타고 귀국할 수 있었다. 한쪽 눈을 잃은 그가 불완전한 대미각서의 전달자로서 느꼈을 감회(感悔)를 짐작할 수는 없다. 어쨌든 윤봉길 의사가 목숨을 바쳐 저항했던 일본제국은 무모한 도발로 패망을 향한 첫걸음을 내딛었다.

[표 2] 진주만 공격 경과와 대미각서 전달 시간 비교

	도쿄	하와이	워싱턴
진주만 공격 개시	03 : 19	07 : 49	13 : 19
대미각서 타이핑 완료	03 : 50	08 : 20	13 : 50
노무라 대사 미 국무부 도착	04 : 05	08 : 35	14 : 05
대미각서 실제 전달	04 : 20	08 : 50	14 : 20
대미각서 전달 예정 시간	03 : 00	07 : 30	13 : 00

시게미쓰 마모루(重光 葵)

일본은 1945년 8월 6일과 9일 히로시마와 나가사키에 원자폭탄이 투하되자 마침내 항복했다. 태평양전쟁은 1942년 6월 미드웨이해전에서 역전되었고, 1943년 2월 과달카날에서 일본이 패퇴하면서 전세는 미국 쪽으로 기울었다. 1944년 6월 사이판의 함락과 1945년 4월 오키나와의 함락으로, 태평양 각지의 일본 육해군은 거의 궤멸 상태에 이르렀다. 일본 본토는 계속되는 B29 폭격기의 공습으로 완전히 초토화됐다. 그런 상황에서 일본군은 일억옥쇄(一億玉碎)를 외치며 저항했지만, 가공할 핵무기의 파괴력 앞에 결국 무릎을 꿇었다.

미국과 연합국 그리고 일본의 정부대표는 9월 2일 전함 미주리호(USS Missouri) 갑판에서 항복문서에 서명했다. 항복문서는 포츠담 선언의 이행과 필요한 명령 · 조치의 발동, 일본군의 무조건 항

항복문서의 서명식에 참석한 시게미쓰 마모루

복, 적대행위의 중지, 연합군최고사령관의 명령·포고·지시에 대
한 절대 복종, 천황과 일본 정부의 통치 권한의 연합군최고사령관
에의 이전 등, 일본의 통치에 필요한 주요 내용을 담았다. 그렇게
해서 일본제국은 패망하고 더글러스 맥아더(Douglas MacArthur)의
군정이 시작됐다. 일본은 독일과 달리 형식적이나마 정부가 남아
있어서 미군정 본부(GHQ)의 간접 통치를 받았다.

　당시 일본 정부의 대표가 바로 외무대신 시게미쓰 마모루(重光
葵)였다. 그는 일본군을 대표한 우메즈 요시지로(梅津美治郎)와 함께 항복문서에 서명했다. 시게미쓰는 1932년 4월 29일 윤봉길 의사의 폭탄 투척으로 중상을 입고 한쪽 다리를 절단했다. 그는 1933년에 외무차관이 됐고, 이어서 소련, 영국, 중국의 대사를 역임했다. 1943년에는 도조 히데키(東條英機) 내각에서 외무대신이 됐으며, 고이소 구니아키(小磯國昭) 내각에서도 유임됐다. 그는 일본의 패전 직후 성립한 히가시쿠니노미야(東久邇宮稔彦) 내각에 다시 외무대신으로 입각하여 항복문서의 조인을 위한 전권대표가 됐다.[34]

시게미쓰는 미주리호 함상에서 항복문서에 서명할 때 지팡이를 짚고 있었다. 그의 오른쪽 다리는 무게가 10킬로그램인 의족이었다. 그는 상해에서 부상당한 이후 공식석상에서 항상 의족을 끼고 있었다. 미군 병사들의 도움으로 겨우 미주리호 갑판에 올라온 그는 조인식에서도 힘겹게 걷고, 서고, 앉았다. 군복을 입은 미군장교들이 도열한 함상에서 시게미쓰가 항복문서에 서명하는 모습은 전 세계로 중계됐다.

시게미쓰는 패전국 일본을 대표하여 굴욕적인 항복문서에 서명했지만, 그 상황을 그렇게 생각하지 않았다. 그는 일본의 항복문서 조인을 '패배나 단절이 아닌 재생의 출발점'이라고 주장했다.[35] 그는 "나중에 국가가 다시 부강해져서, 내 이름을 경멸하는 날이 오기를 바란다"는 시를 지어 자신의 심경을 밝히기도 했다. 그의 바람대로 일본은 미군정을 거쳐 민주국가로 독립했고, 고도의 경제성장을 이룬 경제대국으로 국제사회에 복귀했다.

시게미쓰는 1946년 4월 29일 A급 전범으로 체포되어 도쿄재판에서 금고 7년형을 선고받았다. 그 날은 상해의거가 일어난 지 14년째 되는 날이었다. 그는 1950년 11월에 가석방되고, 1952년 샌프란시스코 평화조약의 발효와 함께 사면·복권된다. 그 후 중의원에 당선되어 정계에 진출한 그는 하토야마(鳩山一郎) 내각에 또 외무대신으로 입각했다. 그는 전시부터 전후에 걸쳐 네 번 외무대신을 역임하는 기록을 세웠다. 그는 1956년 10월 소련과의 국교를 정상화한 후, 12월에 일본의 유엔 가입을 성사시켰다.[36]

윤봉길 의사가 던진 폭탄의 두 희생자가 태평양전쟁의 시작과 마지막 장면에 등장하는 것은 상징적이다. 일본은 잘못된 정세판단으로 미국에 도전했고, 완전한 패망으로 대가를 치렀다. 자신을 돌아보지 않고 덤비다 화를 입는다는 '묘시파리'(眇視跛履)가 일본의 현실이 됐다. '묘시'는 한쪽 눈으로 더 잘 보려 한다는 뜻이고, '파리'는 한쪽 발로 더 잘 걸으려 한다는 뜻이다. 주미대사의 애꾸눈과 외무대신의 의족은 무모한 개전과 굴욕적 패배라는, 일본제국의 흥망을 그대로 보여준다. 윤봉길 의사의 유산은 그렇게 우리에게 독립의 희망이 됐다.

9. 카이로 선언과 샌프란시스코 평화조약

한국인의 '노예상태'와 독립 시기

1943년 9월 이차대전에서 추축국의 최약체였던 이태리가 무조건 항복했다. 이에 동년 11월 27일 미국, 영국, 중국의 세 정상은 카이로 선언을 통해 전후 일본의 처리에 대한 기본방침을 밝혔다. 이 선언에서 특히 한국의 독립 문제가 언급된 것은 우리에게 매우 중요한 의미를 갖는다.

> **「앞에 말한 세 강대국은 한국인의 '노예상태'에 유의하여, '적절한 시기'에 한국을 자유롭고 독립된 국가로 만들 것을 결의한다.」**[37]

세 연합국의 수뇌들이 카이로 선언에서 한국의 독립을 명시한 것은 장제스가 프랭클린 루스벨트와 윈스턴 처칠을 설득했기 때문에 가능했다. 루스벨트는 한국의 독립을 카이로 선언에 넣는 것을 탐탁지 않게 생각했다. 그는 한국의 독립보다 한국에 대한 신탁통치의 실시를 선호했다. 인도를 식민지로 지배하던 영국의 처칠도 한국의 독립에 대한 내용을 두지 말자는 입장이었다. 두 사람은 그해 3월에 한국의 신탁통치에 이미 합의한 상태였다.

장제스도 카이로 회담을 앞둔 1943년 7월 임시정부의 요인을

카이로 회담에 참석한 장제스, 프랭클린 루스벨트, 윈스턴 처칠

만나 한국의 입장을 확인했다. 당시 김구, 조소앙, 김규식, 이청천, 김원봉 등은 한국에 대한 신탁통치를 반대하고 완전한 독립을 요청했다. 장제스는 그들의 요청을 수용하여, 루스벨트와 처칠을 설득했다. 두 사람은 장제스의 의견을 무시할 수 없었다. 태평양전쟁의 발발 후, 미국은 1942년 1월 연합국 선언에 참가한 중국을 지원해 왔다. 미국은 일본 본토에 대한 공격을 앞두고 배후기지로서 중국의 도움도 필요했다. 그래서 루스벨트는 장제스의 한국독립 조항 요구를 수용하게 됐다.

그러나 카이로 선언에 '즉시'가 아닌 '적절한 시기'에 한국을 독립시킨다는 내용이 규정됨으로써, 독립 시기에 대한 논란은 남았다. 연합국은 일본이 강탈한 영역을 박탈하기로 합의했지만, 자국의 식민지는 그렇게 할 수 없었다. 그래서 한국의 독립 시기도 애매하게 정해졌다.

루스벨트는 처음에 제안된 "일본의 패전 후 가장 빠른 시점에(at the earliest possible moment)"라는 안을 "일본의 몰락 후 적당한 시점에(at the proper moment)"로 변경했다. 처칠은 이를 다시 "적절한 시기에(in due course)"로 수정했다. 한국의 해방 후 신탁통치 문제를 둘러싼 갈등은 연합국의 이런 정책적 혼란 때문에 발생한 것이다.[38]

당시 30년 이상 된 일본의 식민지는 한국뿐이었다. 일본이 오래 지배한 만주와 대만은 중국의 지역이어서 사정이 달랐다. 그런 점을 감안하더라도, 일본이 침략한 수많은 국가와 지역 중에서 한국만 카이로 선언에 언급된 것은 대단한 일이다. 그것은 장제스가 김구와 임시정부를 지원하면서 신뢰를 쌓았기 때문에 가능한 일이었다. 물론 그 바탕에는 윤봉길 의사의 희생이 있었다.

1932년 12월 한인애국단의 투쟁활동을 상술한 '도왜실기'(屠倭實記)가 중국에서 간행됐다. 중국어로 기술된 '도왜실기'는 김구가 구술하고 엄항섭이 정리한 것이다. 이승만은 1946년 3월 이 책의 한국어판 서문에서 상해의거와 카이로 선언의 인과관계를 다음과 같이 설명했다.

"윤 의사의 장거(壯擧)가 있은 후로 중국 관민의 한인을 대하는 태도는 우호와 신뢰로 일변해 한중 양국은 자고로 순치(脣齒)의 관계임을 다시 확인하게 됐으니, 국민정부는 물론이요 장개석 주석부터가 김구 선생을 절대로 신뢰해 음으로 양으로 대한임시정부를 성원해준 것은 모두 이 때문이라고 할 것이다. 그중에도 한국 해방의 단서가 된 카이로 회담에서 장개석 주석이 솔선해서 한국의 자주독립을 주창해 연합국의 동의를 얻었다는 사실은 역시 그 원인이 윤 의사의 장거에 있었음을 잊어서는 아니 된다."[39]

이승만은 방미를 마치고 귀국하면서 1947년 4월 13일 남경에 들러 장제스에게 직접 정중한 사의를 표하기도 했다. 그는 카이로 선언과 관련하여, "장 주석이 카이로 회의 시 한국의 독립 주장을 적극 옹호하여준 데 대하여 재삼 감사의 예를 표한다"고 장제스의 후의를 칭송했다. 당시 신탁통치를 반대하고 미군정과 대립하던 이승만으로서는 당연한 사례(謝禮)였다. 국제법과 국제정치에 정통한 이승만은 냉철한 판단력으로 남한에서의 단독정부 수립을 이끌어냈다.

한국이 빠진 샌프란시스코 평화조약

전쟁이 끝나면 교전국은 일반적으로 평화조약(강화조약)을 체결하여 외교관계를 정상화한다. 교전국은 평화조약에 의해 전쟁배상이나 재산, 청구권, 영토 문제 등 전쟁으로 발생한 문제나 사태를 처리하게 된다. 복수의 교전국이 참가한 대규모 전쟁은 다자조약의 형태로, 양국 간의 전쟁은 양자조약의 형태로 체결된다. 이차대전의 경우, 연합국은 1951년 9월 샌프란시스코에서 대일평화조약을 체결하여 아시아에서의 전쟁을 종결시켰다.

그런데 한국은 대일평화조약의 당사국이 되지 못했다. 한국은 조약의 교섭 과정에서 서명국으로 참여하기를 원했고, 일시적으로 서명국 리스트에 오르기도 했다. 그러나 한국전쟁이라는 특수한 상황하에서 남북한의 대표성이 논란이 됐다. 냉전이라는 당시의 정치적 상황은 조약의 성격과 체결 과정을 지배하는 가장 큰 변수였다. 결국 연합국은 일본의 패전 당시 한국의 정치적·법적 지위를 고려하여 한국을 당사국으로 초청하지 않았다.

한국은 태평양전쟁이 끝났을 때 독립국이 아니었다. 내선일체(內鮮一體)라는 일제의 기만적 슬로건에서 알 수 있듯이, 한반도는 내지(일본열도) 밖의 일본지역이었다. 따라서 해방 후 한국은 일본에서 '분리된 지역'이 됐다. 사반세기 이상 중국에서 독립운동을 한 대한민국 임시정부는 강대국의 승인을 받지 못했다. 임시정부의 요인들은 미군정의 반대로 개인 자격으로 귀국할 수밖에 없었다. 우리의 해방은 1945년 8월 15일 이루어졌지만, 정부의 수립은 그보다 3년을 더 기다려야 했다.

일본의 지배가 종료되고 한국이 '일본에서 분리됐다'는 사실 때문에 많은 문제가 발생했고, 그 영향은 지금까지 남아 있다. 우리는 오늘날 한일관계를 논할 때 이런 사실을 분명히 인정해야 한다. 독립투사들은 끈질기게 무장투쟁을 전개했지만, 미국은 광복군의 규모와 전투능력을 회의적으로 봤다. 미국이 임시정부를 승인하지 않고 한국에 대한 신탁통치를 주장한 것도 그런 이유 때문이다.

한국이 참여하지 못한 대일평화조약에서 한국에 관련된 규정은 다음과 같다. 우선 한국의 독립과 관련하여, 조약은 제2장 영토 편에서, "일본은 한국의 독립을 승인하고, 제주도, 거문도 및 울릉도를 포함하는 한국에 대한 모든 권리, 권원 및 청구권을 포기한다"고 규정하고 있다.[40] 협상 과정에서 초안에 들어갔던 독도가 최종 조약문에서 빠진 것이 주목된다. 물론 이 조항은 한국의 외측 범위를 나타내는 예시 규정이기 때문에 독도의 영유권과 무관하다.

다음, 일본이 영토권을 포기한 지역에서 일본의 재산과 청구권의 처리에 대해 조약은 다음과 같이 규정한다.

"이 조(b)의 규정에 따라, 제2조에 규정된 지역에서 일본과 그 국민의 재산의 처분과, 현재 그 지역의 통치 당국과 그곳의

(법인 포함) 주민에 대한 그들의 채무를 비롯한 청구권과, 그리고 일본에서 그 당국과 주민의 재산의 처분과, 일본과 그 국민에 대한 채무를 비롯한 청구권의 처분은 일본과 그 당국 간에 특별한 협의의 대상이 된다. 제2조에 규정된 지역에 있는 연합국이나 그 국민의 재산은, 아직 반환되지 않았다면, 현재의 상태로 통치 당국에 의해 반환될 것이다."[41]

또한 조약은 "일본은 제2조와 제3조에 규정된 지역에 있는 일본과 그 국민의 재산에 대해, 미군정청의 명령으로 실행된 그 처분의 적법성을 인정한다"고 규정하고 있다.[42] 이는 일본을 점령한 미국의 통치정책과 방침이 반영된 것이다.

이를 정리하면, **첫째, 일본과 상대국은 서로의 재산, 채무, 청구권을 협의해서 정산하고, 둘째, 일본은 일본이 물러난 지역에서 미군정청의 일본 재산 몰수 조치를 승인한다는 것이다.** 이렇게 해서 일본의 식민지 지배로부터 벗어난 지역에서의 권리·의무의 배분 원칙이 평화조약에 규정됐다. 남한 지역의 일본 재산은 그렇게 처리됐다.

그 외에, 제21조는 한국이 조약의 당사국은 아니지만, 독립(제2조), 재산처리(제4조), 어업협정(제9조), 통상항해조약(제12조)에 대한 이익을 향유할 권리를 갖는다고 규정하고 있다.

샌프란시스코 평화조약의 해석

대일평화조약에 의해 일본의 전쟁책임은 미흡하지만 일단락됐다. 일본은 엄격하지 않은 '관대한 강화'에 안도했다. 일본은 조약에 참여하지 않은 소련, 중국, 인도, 폴란드, 유고슬라비아 등 몇몇 국가들과 별도의 양자조약이나 공동선언의 형식으로 외교관계를 수립했다. **그러나 한국은 승전국이 아니어서 침략전쟁의 배상도 받지 못했고, 식민지 지배에 대한 배상도 받지 못했다.** 대일평화조약이 체결된 후, 한국과 일본은 조약의 취지와 내용에 따라 1951년 10월 예비회담을 거쳐 이듬해 2월부터 본격적인 협상을 시작했다.

만약 샌프란시스코 평화조약에 일본의 식민지 지배 책임이 명시됐다면, 협상에서 한국의 일본에 대한 분명한 책임의 추궁이 가능했을 것이다. 한일기본조약과 청구권협정도 다른 내용으로 합의됐을 수도 있다. 그러나 당시 냉전의 심화라는 정치적 상황으로 대일평화조약은 그런 부분을 분명히 하지 못했다. 한국의 법적 지위가 '분리 지역'이 됨으로써, 한일 간의 교섭에서 식민지 지배의 책임도 애매해졌다. 강제적으로 체결된 양국 간 조약의 효력과 무효 시기도 논란이 됐다.[43]

연합국은 평화조약에 의해 전쟁책임에 대한 배상을 받도록 규정되었다. 조약의 제5장은 청구권 및 재산이라는 제목으로 이 문제를 상세히 다루고 있다. 구체적으로, 평화조약은 "(a)일본이 전쟁

중 일본에 의해 발생한 손해와 고통에 대해 연합국에 배상해야 한다는 것은 인정된다"고 하여 일본의 배상의무를 분명히 했다.[44]

이어서 연합국의 관대한 강화로 일본에 부담을 주지 않는다는 내용이 정해졌다. "일본이 생존 가능한 경제를 유지해야 한다면, 그러한 모든 손해와 고통에 대해 완전히 배상하면서 동시에 다른 의무를 이행하기에는, 일본의 자원이 현재 충분하지 않다는 것 또한 인정된다"는 내용이 그러하다.[45] 또한, 연합국들이 원하는 경우, 일본은 손해 복구 비용의 배상을 위한 교섭을 즉시 시작하되, "그러한 조치는 다른 연합국들에 추가적인 부담을 부과하지 않는 것이어야 하고, 원자재의 가공이 요구되는 경우, 일본에 어떠한 외환 부담도 부과되지 않도록 원자재는 해당 연합국들이 공급한다"고 규정됐다.

한국은 이 조항의 적용을 받지 못하고 일본과 개별 협상을 진행할 수밖에 없었다. 특히 '관대한 강화'의 내용이 평화조약에 규정되면서, 일본은 협상 내내 한국에 식민지 지배의 책임을 인정하지 않았다. 한국은 샌프란시스코 평화조약을 카이로 선언에 따라 해석했지만, 일본은 그런 해석을 인정하지 않았다. 조약은 그 문맥, 취지와 목적에 비추어 용어에 부여되는 통상적 의미에 따라 성실하게 해석해야 하는 것이 국제법의 원칙인데, 일본은 원칙을 따르지 않았다.[46]

[표 3] 한국과 일본의 법적 관계와 지위에 대한 주요 문서 및 조약

카이로 선언		미국, 영국, 중국은 한국인의 노예상태에 유의하여 한국을 적절한 시기에 자유롭고 독립된 국가로 만들 것을 결의함.
포츠담 선언		카이로 선언의 제 조항은 이행돼야 하며, 일본의 주권은 혼슈와 홋카이도, 규슈와 시코쿠, 그리고 우리들이 결정하는 부속 도서로 제한됨.
샌프란 시스코 평화조약	제2조 (a)	일본의 한국에 대한 영토권의 포기
	제4조 (a)	일본이 영토권을 포기한 지역에서의 재산, 채무, 청구권의 처리
	제4조 (b)	일본이 영토권을 포기한 지역에서 미군정청의 일본 재산 처분에 대한 승인
	제19조 (a)	일본의 연합국과 그 국민에 대한 전쟁 청구권의 포기
	제19조 (d)	일본에 대한 점령기간 중 통치행위 및 조치에 대한 승인
한일기본 관계조약	제2조	대한제국과 대일본제국이 체결한 기존 조약의 무효
	제3조	대한민국의 한반도에서의 법적 지위
청구권 협정	제1조 1항	한국에 대한 일본의 3억 달러 무상 자금 제공
	제1조 2항	한국에 대한 일본의 2억 달러 장기 차관 제공
	제2조	한국과 일본의 서로에 대한 재산, 권리, 이익 및 청구권 문제의 완전한 포기
	제4조	청구권협정에 대한 분쟁의 해결
문화재 반환협정	제2조	일본의 한국 문화재 반환
어업협정	제1조	어업전관수역의 설정
	제2조	공동규제수역의 설정
재일교포 법적 지위 협정	제1조	재일교포에 대한 일본 영주권의 부여

제 4 장

잘못 끼운 첫 단추, 국교 정상화

제4장 잘못 끼운 첫 단추, 국교 정상화

해방 후 20년 가까이 합의되지 않던 한일 양국의 국교 정상화 협상은 1965년 6월 22일 한일기본관계조약, 청구권협정, 어업협정, 재일교포 법적 지위 협정, 문화재협정 등의 체결로 타결됐다. 협상 과정에서 한국은 식민지 지배에 대한 일본의 사과와 책임을 요구했고, 일본은 이를 거부했다. 일본의 통치가 한국의 근대화에 기여했다는 '구보타 망언'으로 양국은 국제법적 논쟁을 벌이기도 했다. 결국 양국은 '의도적 모호성'이라는 정치적 융통성을 발휘하여 협상을 마무리했다. 그러나 양국은 '과거의 조약이 이미 무효'라는 규정과 '경제발전을 위해 자금을 제공한다'는 내용의 해석을 둘러싸고 상반되는 입장을 취했다. 국교 정상화는 국내적으로 엄청난 반대에 직면했으나, 일본의 자금은 한국의 비약적인 경제발전에 크게 기여했다.

10. 한일기본조약

국교 정상화를 위한 진통

한국의 해방 후, 20년 가까이 한일 양국이 국교를 정상화하지 못한 데는 여러 가지 사정이 있었다. 초기에는 협상을 시작할 상황이 되지 않았다. 한국 정부는 1948년 8월 15일 수립됐고, 일본에 대한 미군정의 통치는 1952년 4월 28일 끝났다. 태평양전쟁이 끝난 후, 양국이 진정한 독립국이 되기까지 각각 3년과 7년이 걸렸다. 일본은 대일평화조약으로 한국의 독립을 인정했다. 한국전쟁의 발발로 냉전이 심화되면서, 미국은 양국의 조속한 국교 재개를 원했다.

그러나 양국의 협상은 처음부터 벽에 부딪쳤다. 한국은 식민지 통치에 대한 일본의 사과와 배상을 요구했지만, 일본은 그 요구를 거절했다. 일본은 경제적 지원을 위한 자금은 한국에 제공할 수 있지만, 식민지 지배의 책임은 인정할 수 없다고 주장했다.[47] 역사적으로 식민지 지배를 사과한 국가가 없다는 핑계로, 일본은 한국에 대한 사과를 거부했다. 일본 국민은 한국 국민의 분노에 둔감했고, 그것을 이해하려고 하지도 않았다.

1952년 2월 15일에 시작된 1차 회담은 양국의 입장 차이로 4월 21일 중단됐다. 1953년 4월 15일에 열린 2차 회담은 이른바 평화선 문제로 7월 23일에 결렬됐다. 게다가 10월 6일부터 재개된 3차 회담은 일본 측 수석대표 구보타 간이치로(久保田貫一郎)의 망언으로 10월 21일 중단됐다. 그는 **"일본의 한국 통치는 한국의 근대화에 기여한 부분도 있었다"**는 망언으로 한국 측의 분노를 샀다.[48] 1957년 예비회담을 거쳐 1958년 4월 15일 시작된 4차 회담은 재일교포의 법적 지위와 북송 문제로 난항을 겪었다.[49] 결국 4차 회담도 4·19혁명으로 이승만 정권이 무너지면서 중단됐다. 장면 정권이

들어선 후, 10월 25일에 시작된 5차 회담도 5·16쿠데타로 중단됐다.

10년 가까이 협상이 타결되지 못한 가장 큰 이유는 양국의 입장 차이 때문이었다. 이승만의 평화선 선언과 구보타의 망언은 그런 입장 차이를 상징적으로 보여준다. 이승만은 일본 어선이 한국 측 수역을 독점하는 것을 용납할 수 없었다. 평생을 독립운동에 헌신한 그에게 독도는 반드시 수호해야 할 우리의 영토였다. 구보타의 망언은 이른바 '식민지 근대화론'의 시작이었다. **그는 산림녹화, 철도 부설, 항만 건설, 미곡 생산의 증가를 그 실례로 들었다.** 당시에는 식민지 시대를 그렇게 생각하는 일본인들이 많았다. 양국이 이런 인식의 간극을 극복하고 협상을 타결하기는 쉽지 않았다.[50]

그러나 박정희 대통령의 집권으로 사정은 바뀌었다. 군사 쿠데타로 집권한 그는 경제개발이 가장 중요한 과제였기 때문에 일본의 경제적 지원이 절실했다. 1961년 10월 20일부터 6차 회담이 재개됐는데, 청구권 협상이 핵심적인 쟁점이었다. 양국이 생각하는 금액도 달랐지만, 일본이 제공하는 자금의 성격도 문제였다. 일본은 독립축하금이나 경제적 지원금 명목으로 일정 금액을 지불하겠다고 했다. 결국 이 문제는 1962년 11월 12일 김종필 중앙정보부장과 오히라 마사요시(大平正芳) 외상의 정치적 합의로 해결됐다.[51]

이른바 '김종필·오히라 메모'로 알려진 당시 합의는 일본이 무상 3억 달러, 유상 2억 달러 외에 수출입은행 차관 1억 달러를 한국에 제공한다는 내용이었다. 처음에 김종필이 요구한 6억 달러와 오히라가 제시한 3억 달러가 그렇게 합의됐다. 그러나 메모에는 일본이 제공하는 금액과 지급방식 외에 그 자금의 성격이나 명목에 대한 언급은 없었다. 따라서 일본은 자금의 성격을 독립축하금으로 해석하고, 한국은 이를 청구권 자금으로 해석할 수 있는 여지가 생겼다.

가장 현안인 청구권 문제는 힘겹게 합의됐지만, 나머지 문제의 해결도 쉬운 일이 아니었다. 특히 1910년에 일본이 한국을 병합한 조약 등 일련의 강제 조약의 성격, 어업 문제, 한반도에서의 한국 정부의 정통성 문제 등을 어떻게 처리할 것인지가 주요 쟁점이었다. 약탈 문화재의 반환이나 재일교포의 법적 지위 등의 문제는 그래도 외교적 협상으로 해결될 가능성이 높았다.

그러나 강제 조약의 법적 성격에 대한 합의는 그렇지 않았다. 그것은 일본의 식민지 지배에 대한 사과와 직결돼 있어서, 일본의 양보를 기대한다는 것 자체가 무망(無望)했다. 해양에서 관할권의 경합에 대한 조정도 난제였다. 어업 협상은 양국의 조업 수준의 격차를 어떻게 조정할 것인지가 문제였다. 한국으로서는 독도 문제가 걸려 있는 평화선의 처리도 어려웠다. 어업을 제외한 문제들은 경제적 실익은 없었지만, 국가적 자존심이 걸려 있어서 쉽게 합의되지 않았다.

의도적 모호성

1964년 11월 총리에 취임한 사토 에이사쿠(佐藤榮作)는 한국과의 국교 재개 문제를 의욕적으로 해결하려고 했다. 그는 시나 에쓰사부로(椎名悅三朗)를 외상으로 임명하여 양국의 협상을 타결하도록 했다. 한일 양국은 복잡한 어업 문제를 분리해서 협상을 진행했다. 1965년 2월 시나는 전후 일본의 외교수장으로 처음 한국을 방문했다. 그는 "양국 간의 오랜 역사에서 불행한 기간이 있었다는 것은 매우 유감스러운 일입니다. 그런 사실을 깊게 반성합니다"라고 하여 한국에 사과의 뜻을 밝혔다.[52]

시나의 한국 방문과 사과로 협상은 비교적 순조롭게 진전됐다. 양국의 원칙론이 충돌한 관할권이나 조약의 합법성에 대한 문제는 외교적 합의로 해결됐다. 협상에 임한 양측이 정치적 융통성을 발휘한 덕분에 조약문의 내용도 정해졌다.

특히 민감한 쟁점들에 대해서는 해당 부분을 명시하지 않거나, 중의적 해석이 가능하도록 하는 타협안을 도출했다. 양국은 이른바 '의도적 모호성'(intentional ambiguity) 전략을 취했는데, 이는 관계국의 복잡한 이해를 조정하는 방식으로 선호되는 것이다. 이는 협상에서 서로의 마지노선을 건드리지 않고 합의하는 것으로, 각국이 자의적 해석을 통해 국내의 갈등을 최소화할 수 있다는 장점이 있다.

이러한 경과를 거쳐, 이동원 외무부장관과 시나 에쓰사부로 외상은 1965년 6월 22일 '한일기본관계조약', 즉 **'대한민국과 일본국 간의 기본관계에 관한 조약'**을 체결했다. 전쟁이 끝나면 평화조약을 체결하여 서로의 관계를 정리할 수 있지만, 일본으로부터 직접 독립을 쟁취하지 못한 우리는 해방 후 20년이 지나서야 이런 애매한 명칭의 조약을 일본과 체결하게 됐다. 조약은 7개 조항으로 구성돼 있는데, 외교관계의 수립, 과거 조약의 무효, 한국 정부의 지위, 유엔헌장의 원칙, 통상교섭의 시작, 민간항공운송 교섭의 시작, 비준 및 발효를 그 내용으로 하고 있다.

조약의 가장 핵심적인 부분인 제2조는 다음과 같이 규정하고 있다.

"1910년 8월 22일 및 그 이전에 대한제국과 대일본제국 간에 체결된 모든 조약 및 협정이 이미 무효임을 확인한다."

이 조항으로 한일 양국은 **과거의 조약이 체결된 그 시점부터 무효인지, 아니면 한국의 독립으로 비로소 무효가 됐는지를 자의적으로 해석할 수 있게 됐다.** 한국은 1910년 한일병합조약과 그 이전의 강제조약들은 그 체결 시부터 원천적으로 무효라고 해석했다. 일본은 그 조약들이 체결 당시에는 합법이었지만, 한국의 독립 시점에 비로소 무효가 됐다고 해석했다.

일본의 식민지 지배의 정당성과 적법성에 대한 인식의 차이는 그렇게 정리됐다. 양국은 일본이 책임을 인정하지 않는 현실을 감안하여, 고육지책으로 '의도적 모호성'이 내재된 규정을 두었다. 양국은 국내적으로 무효의 시점을 아전인수 식으로 해석하고 활용했다. 이동원 장관은 국회에서 병합조약은 '체결 당시부터' 무효라고 했고, 시나 외상은 병합조약은 '한국의 독립 시부터 무효다'라고 했다.[53] 양국은 상대의 그런 입장을 알고도 모른 체할 수밖에 없었다.

참고로, 1945년 이전의 국제법은 국가에 대한 강제와 국가대표에 대한 강제를 구분하여 후자의 경우만 조약의 무효사유로 인정했다. 제국주의 침략이 정당화되던 당시의 상황으로는 그런 구분이 현실적 의미가 있었다. 일본은 이런 점을 들어 을사보호조약이나 병합조약이 모두 유효하다고 주장한다. 조약 체결 당시 한국 대표에 대한 강제나 강박이 존재했다고 보기 힘들다는 것이다. 물론 이를 부인하는 양심적인 일본 학자들도 있다.[54] 어쨌든 일본이 한국의 주권을 침탈했다는 것은 사실이고, 조약 무효사유의 구분으로 그런 치욕의 역사가 바뀌는 것은 없다.

기본관계조약에는 한반도에서 한국의 법적 지위에 대한 내용도 담겼다. 그것은 "대한민국 정부가 국제연합 총회의 결정 제195호(Ⅲ)에 명시된 바와 같이, 한반도에 있어서의 유일한 합법정부임을 확인한다"는 내용으로 규정됐다.[55] 한국이 한반도 전체의 정통성을 갖는다고 명시한 이 규정은 당시의 국제정치적 상황을 반영한 것이다. 한반도의 현상유지를 원하는 미국의 입장을 고려하여, 양국은 북한이 아닌 한국의 대표성을 조약에서 확인했다.

11. 청구권협정

'노예상태'와 '흥분상태'에 대한 공방

한일회담에서 청구권 문제를 둘러싼 양국의 논쟁은 전술한 구보타 망언을 자세히 보면 잘 알 수 있다. 청구권 협상에서 일본은 한국에 있던 일본인의 사유 재산에 대한 일본의 청구권도 존재한다고 주장했다. 한국은 그 재산은 미국이 국제법에 따라 몰수한 것으로, 식민지 지배의 배상으로 한국이 받은 것이라고 답했다. 그것은 한국인이 당한 애국자의 학살, 기본적 인권의 침해, 노동력의 착취, 식량의 공출에 따른 결과물로서, 한국이 당연히 청구할 수 있는 것이라고 주장했다.

이에 대하여 구보타는 일본이 한국의 경제에 많은 기여를 했으며, 만약 일본이 한국을 병합하지 않았으면 러시아나 중국이 그렇게 했을 것이라고 주장했다. 국제법 위반과 관련하여, 그는 미국의 일본인 재산 몰수는 국제법 위반이 아니지만, 가령 위반이 있다 하더라도 일본은 미국에 대해 청구권을 포기한다고 했다. 그러나 연합국이 중립국에 소재한 일본의 재산을 몰수한 것은 부당하다고 주장했다.

요컨대, 구보타의 주장은 일본이 미국의 일본재산 몰수에 대한 법적 효과를 부인하지 않지만, 대일평화조약의 취지에 따라 한일 양국이 주고받을 부분은 정리하자는 것이었다. 그렇게 하는 것이 대일평화조약의 취지에 부합한다고 했다. 일본의 주장은 조약의 규정상 한국은 승전국이 아니고 식민지 피해국도 아니라는 데 근거했다.[56]

한국도 국제법을 근거로 구보타의 주장을 반박했다. 한국은 한반도가 일제의 탐욕과 폭력에 의해 강점당한 '노예상태'에 있던 지역이라는 점을 강조했다. 즉, 그곳의 일본인 재산은 권력적 착취로 불법 취득한 것이어서, 국제법에 의해 당연히 몰수됐다는 것이다. 노예지역을 해방시킨다는 전후의 새로운 이상은 사유재산의 존중보다 고차원적인 것이므로, 그에 따라 일본인의 재산을 몰수한 것은 국제법의 취지에 부응한다고 주장했다.[57]

한국은 조선총독부가 경찰통치로 한국인을 압박하고 착취했으며, 무단통치로 한국의 자연자원을 고갈시켰다고 주장했다. 연합국도 일본의 그런 만행을 인정하여, **카이로 선언에 한국인의 '노예상태'라는 표현을 명시했다고** 지적했다. 이에 대하여, 구보타는 **카이로 선언은 전쟁 중이라는 '흥분상태'에서 작성된 것으로**, 연합국이 평시에는 그런 표현을 쓰지 않았을 것이라고 주장했다. 그 외에, 대일평화조약 이전에 한국 정부가 수립된 사실과 관련하여, 일본의 입장에서는 그 조약에 의해 한국의 독립을 인정할 뿐이라고 주장했다.[58]

양측이 카이로 선언이나 연합군의 점령을 언급하면서 국제법의 준수와 위반을 주장한 점은 주목된다. 카이로 선언에 명시된 것처럼 한국인이 '노예상태'로 식민지 지배를 받았다면, 일본의 책임은 당연히 엄격하게 물을 수 있다. 그러나 협상에서 일본의 입장은 완강했고, 양국 대표가 주장하는 '노예상태'와 '흥분상태'의 간극은 좁혀지지 않았다.

어쨌든 한국은 한일회담을 준비하면서 '대일배상요구조서'를 작성했는데, 1951년에 이를 8개 항목으로 정리하여 일본과의 협상에 나섰다.[59] 양국은 한국의 8개 항목을 기준으로 청구권 협상을 진행했다. 그 내용은 양국이 최종 합의한 '청구권협정'의 합의의사록에도 기재돼 있다.

그런데 일본의 주장과 미국의 중개를 거쳐 계산된 청구권 금액은 7천만 달러에 불과했다. 그래서 전술한 '김종필·오히라 메모'에 규정된 바와 같이, 무상 3억 달러 및 유상 2억 달러가 양국이 최종 합의한 금액으로 됐다. 이렇게 '청구권협정'이 체결됐는데, 협정의 정식 명칭은 **대한민국과 일본국 간의 재산 및 청구권에 관한 문제의 해결과 경제협력에 관한 협정**'이다.

[표 4] 한국이 요구한 대일청구 8개 항목

1	조선은행을 통해 반출한 지금(地金), 지은(地銀)의 반환
2	1945.8.9 현재 일본 정부가 조선총독부에 지고 있는 채무의 변제. 우편 저금, 우편연금, 국채 및 저축채권, 간이생명보험 등 포함
3	1945.8.9 이후 한국으로부터 이체 또는 송금된 금품의 반환
4	1945.8.9 현재 한국에 본사, 본점 또는 주 사무소가 있는 법인의 재일 재산의 반환
5	한국법인 또는 자연인의 일본 또는 일본국민에 대한 일본의 국공채, 일본 은행권, 피징용 한국인의 미수금, 보상금 및 기타 청구권의 변제
6	한국법인 또는 자연인의 일본법인의 주식 기타 개별적 증권에 대한 권리 행사 인정
7	전기 제 재산 또는 청구권에서 발생한 법정 과실의 반환
8	전기 제 재산과 청구권의 반환 및 결재는 협정 성립 후 즉시 개시하여 6개월 이내에 종료할 것

조약의 자의적 해석

국교 정상화 당시, '기본관계조약'과 '청구권협정' 외에 '어업협정', '재일교포의 법적 지위에 관한 협정', '문화재협정'도 같이 체결됐다. '어업협정'은 한국 측 해역에 12해리의 어업전관수역을 두고, 그 외측에 공동규제수역을 두어 한국의 어장을 일본 어선으로부터 보호하도록 했다. '재일교포의 법적 지위에 관한 협정'은 재일한국인의 영주권 부여를 주된 내용으로 하는 조약이다. '문화재협정'은 일본으로 반출된 문화재의 반환에 대한 협정이다.

이러한 조약들 중 핵심은 '기본관계조약'과 '청구권협정'이다. 나머지 조약들은 기능적 성격이 강하기 때문에 과거사 문제나 위안부 문제 또는 한일 간의 통상분쟁처럼 민감한 이슈를 제기하지 않는다. 그런 맥락에서 위에 상술한 두 조약의 체결 과정과 역사적 맥락을 잘 이해해야 한다. 그런데 두 조약의 해석에 대한 분쟁이 발생하면 어떻게 해결해야 할 것인가? 조약문 자체에 규정된 분쟁해결 조항과 국제법상 인정되는 분쟁의 평화적 해결절차를 알아보자.

'청구권협정' 제1조는 긴 문장으로 구성돼 있지만 핵심적인 내용은 간단하다. 일본이 무상 3억 달러와 유상 2억 달러의 자금을 한국에 제공한다는 것이다. 제2조는 청구권의 포기와 관련하여 다음과 같이 규정하고 있다.

> "1. 양국은 서로에 대한 **재산, 권리 및 이익과 청구권에 관한 문제가** 샌프란시스코 평화조약 제4조(a)에 규정된 것을 포함하여 **완전히 그리고 최종적으로 해결된 것이라고 확인한다…**
> 3. 양국은 2의 규정에 따라 서로 상대방의 모든 청구권에 대하여 어떠한 주장도 할 수 없다"

이 규정에 의하면, 한국은 일본으로부터 3억 달러를 무상으로 받고 일본에 대한 모든 청구권을 완전히 포기한 것이 된다. "완전

히 그리고 최종적으로"라는 표현이 들어감으로써 논란의 여지가 없어지는 듯했다.[60]

그러나 한일 양국은 '기본관계조약' 제2조와 '청구권협정' 제2조를 아전인수적으로 해석하여 복잡한 한일관계를 더욱 꼬이게 만들었다. 일본은 배상금이 아닌 경제협력 자금을 한국에 제공했다고 주장했고, 한국은 정확하게 그 반대의 주장을 했다.

한국 대법원은 일본의 이런 입장을 근거로 2018년 10월 30일 강제징용 배상 판결을 내렸다. 일본 기업의 불법행위에 대한 개인의 청구권을 인정한 것이다. 일본은 한국의 협정에 대한 기존 입장과 이 조항을 근거로 대법원의 판결에 반발하고 있다. 양국은 위안부나 과거사 등 크고 작은 문제가 불거질 때마다 자국의 시각에서 상대를 비판해왔다.

이런 문제들은 기본적으로 양국이 합의한 조약과 협정의 불완전한 내용 때문에 발생한 것이다. 따라서 양국은 당시의 상황에서 서로가 그렇게 합의할 수밖에 없었던 사실을 인정하고, 조약의 해석과 실행에 대한 분쟁을 외교적으로 해결해야 한다. 외교적 협상으로 문제가 해결되지 않으면, 국제법상 인정되는 분쟁의 평화적 해결방식으로 문제를 해결하면 된다. 물론 분쟁의 평화적 해결방식을 수용하기 위해서는 고도의 정치적 결단이 필요하다. 어느 정부든 그런 정치적 부담을 지기는 쉽지 않다.

'청구권협정'은 본문에 분쟁해결 조항이 있다. 즉, '청구권협정'

의 해석에 대한 분쟁은 우선 외교적으로 해결하고, 그렇게 해결되지 않는 분쟁은 국제중재에 의해 해결한다는 것이 그 내용이다.[61] 또한, 한일기본조약과 함께 양국이 합의한 '분쟁해결에 관한 교환공문'에도 분쟁해결 방식이 정해져 있다. 교환공문은 "양국은 별도 합의가 있는 경우를 제외하고 분쟁을 우선 외교적으로 해결하되, 그렇게 해결할 수 없는 분쟁은 조정(調停)을 통해 해결한다"고 규정하고 있다. 이런 방식을 통한 분쟁의 해결이 아니더라도, 예컨대 제3자의 주선이나 중개, 심사 또는 국제사법재판소(ICJ)와 같은 다양한 방식으로 분쟁을 해결할 수 있을 것이다.[62]

[표 5] 국교 정상화 회담의 개요와 주요 내용

회담	기간	주요의제	비고
예비회담	1951.10.20~ 1952.2.27	재일한국인 국적 문제, 선박 문제	본 회담의 토의 의제 채택
제1차 회담	1952.2.15~4.25	재일한국인 법적 지위, 기본 관계, 어업 문제 청구권·선박 문제	일본의 한국에 대한 청구권 주장으로 회담 결렬
제2차 회담	1953.4.15~7.23	재일한국인 법적 지위, 기본 관계, 어업 문제, 청구권·선박 문제	휴전(1953.7), 제네바 회담을 이유로 일본이 휴회 제의
제3차 회담	1953.10.6~21	재일한국인 법적 지위, 기본 관계, 어업 문제, 청구권·선박 문제	평화선의 합법성 토의에 집중, 일본의 계속적인 대한 청구권 주장과 구보타 망언으로 결렬

제4차 회담 예비교섭	1957.5~12.31	일본의 대한 청구권, 구보타 발언	일본, 구보타 발언 취소
제4차 회담	1957.4.15~ 1960.4.15	재일한국인 법적 지위, 청구권 문제, 선박 문제, 어업 문제, 문화재 문제	억류 어부와 밀항자의 상호 석방 결정, 4·19 발생, 회담 중단
제5차 회담	1960.10.25~ 1961.5.15	재일한국인 법적 지위, 청구권 문제, 선박 문제, 어업 문제, 문화재 문제	5·16 발생, 회담 중단
제6차 회담	1961.10.20~ 1964.4	재일한국인 법적 지위, 청구권 문제, 선박 문제, 어업 문제, 문화재 문제	'김-오히라 합의'로 청구권 문제 정치적 타결
제7차 회담	1964.12.3~ 1965.6.22	기본 관계, 어업협정, 재일한국인 법적 지위, 재산 및 청구권 문제, 문화재 및 문화협정	조인

12. 국교 정상화에 대한 반대

6·3 학생운동

국교 정상화를 위한 양국의 협상이 막바지에 이르면서, 그에 대한 국내의 반대운동도 본격화됐다. 1964년 3월 야당과 재야 각 단체는 '대일굴욕외교반대 범국민투쟁위원회'를 결성하여 반대투쟁에 나섰다. 3월 24일 서울대에서 시작된 학생 데모는 각 대학과 고등학교로까지 확산됐다. 4·19를 거쳐 5월 19일에는 '한일굴욕외교 반대투쟁 전국학생연합회'가 결성됐다. 이에 대학교수, 종교인, 일반시민까지 가세하여 반대운동은 전국적으로 확산됐다.

6월 3일에 한일회담에 대한 반대투쟁은 절정에 달했다. 서울에서 18개 대학의 학생 1만5천 명이 시위에 참가했다. 아직 조약이 체결되지 않은 상황에서 반대투쟁을 주도하는 학생들은 일본의 무조건 사과와 박정희 대통령의 사퇴까지 요구했다. 경찰이 데모대를 진압하는 과정에서 수백 명이 부상당하고 2백여 명이 구속됐다. 위기를 느낀 정부는 결국 그날 밤 계엄령을 선포하여 사태를 진정시켰다. 협상을 주도하던 김종필은 6월 18일 두 번째 외유를 떠났다.

1965년 1월 연두 기자회견에서 박 대통령은 베트남 파병과 한일회담의 타결을 선언했다. 2월 방한한 시나 외상은 한국에 사과하고 '한일기본관계조약'에 가서명했다. 그리고 양국 대표는 나머지 협정의 가서명에 이어 6월 22일 도쿄에서 정식으로 조약과 협정에 조인했다. 다시 격렬한 반대가 국내적으로 일어나자, 정부는 8월 26일 위수령을 선포하여 이를 진압했다. 대학에는 휴교령이 내려졌다.

한마디로 요약하면, **그때는 정부와 여당을 제외한 대부분의 국민이 일본과의 관계 개선에 반대한 셈이었다.** 일본의 사죄와 배상이 없는 조약의 체결은 국민들에게 너무 굴욕적이었다. 일제 강점기와 한국전쟁을 겪고, 이승만 독재를 타도한 학생과 시민들은 박정희 정부의 한일협상을 일본과의 야합이라고 생각했다. 4·19와 5·16 이후의 시대적 상황을 고려하면, 국민들의 그런 인식과 판단은 당연했다.

일본에서도 국교 재개에 대한 반대의 목소리가 높았다. 다만 일본에서의 반대운동은 한국의 반대와 결이 달랐다. 일본의 경우, 사회당과 공산당을 중심으로 진보·좌익 세력이 주축이 되어, 이들이 시민단체와 연계하여 한일협상에 반대했다. 반대의 논리는 한일기본관계조약으로 한미일 반공동맹이 강화되어, 결국 한반도의 분단이 고착화된다는 것이었다. 일본 독점자본의 한국 침략으로 일본의 노동자들이 착취당한다는 주장도 있었다.[63] 한국의 경우는 굴욕적인 조약에 대한 반대였지만, 일본의 반대운동은 안보투쟁과 평화운동의 연장선에서 한 점이 특징이다.

그러나 그렇게 굴욕적으로 한일관계가 재개된 후, 한국은 비약적인 경제성장을 이루었다. 한국 정부는 청구권 자금을 포항제철, 경부고속도로, 소양강댐의 건설이나 철도, 지하철, 통신시설 등 인프라의 개선과 확충에 사용했다. 결과적으로 한일 국교 정상화는 한국의 경제발전과 사회의 변혁에 크게 기여했다. 경제발전에 관한 한, 국교 정상화를 밀어붙인 박 대통령의 판단은 옳았다.

한일회담에 반대한 학생들은 나중에 6·3동지회를 결성하여 정계에 대거 진출했다. 이명박, 손학규, 이재오, 김덕룡, 서청원 등 여러 정치인들이 당시 학생운동 출신이었다. 이명박 대통령은 6·3 동지회의 회장과 고문을 역임했다. 혹자는 6·3 학생운동을 4·19 혁명의 전통을 잇는, 독재에 항거한 학생과 시민의 민주항쟁으로 평가하기도 한다. 그렇지만 한국사회의 경제적 발전으로 민주항쟁의 의미는 퇴색했다고 봐야 할 것이다.

대통령의 담화

박 대통령은 '한일기본관계조약'에 대한 서명을 마친 후 대국민 담화를 발표했다. 대부분의 국민들이 반대한 문제에 대해 대통령으로서 사정을 설명하고 이해를 구할 필요가 있었다. 그는 담화문에서 협상을 타결할 수밖에 없었던 상황과 이유를 다음과 같이 설명했다.

"한일 간의 국교 정상화에 있어서 나와 현 정부가 크게 배려한 것은 무엇보다도 우리의 원통스러운 과거의 청산과 호혜평등, 협동, 전진의 앞날을 다짐하는 기본관계의 설정이었고, 다음으로 대일평화조약에 규정된 청구권 문제, 우리 어족자원의 보호와 100만 어민의 장래를 보장하는 어업협정 문제, 일본에서 정당하게 대우받지 못하고 있는 60만의 재일교포 문제, 그리고 우리의 귀중한 문화재를 돌려받는 문제였습니다.

물론 이런 제 문제가 우리만의 희망과 주장대로 해결된 것은 아닙니다. 그러나 내가 자신을 갖고 말할 수 있는 것은, 우리가 처한 여건과 선진 각국의 외교관례에 비추어, 우리의 국익을 확보하는 데 최선을 다 했다는 사실입니다. 외교란 상대가 있는 것이고 또 일방적 강요를 뜻하는 것이 아니며, 그것은 이치와 조리를 따져 상호 납득을 해야 비로소 타결되는 것입니다."[64]

그리고 국내의 반대론자들에 대한 설득과 협상의 명분을 다음과 같이 설명했다. 그는 특히 일본에 대한 피해의식과 열등감을 버려야 한다는 것을 강조했다.

"나는 우리 국민의 일부가 한일협정의 결과가 굴욕적이니, 저자세니, 또는 군사적·경제적 침략을 자초한다는 등 비난한다는 것을 알고 있습니다. 심지어 매국적이라고 극언하는 사람도 있습니다. 나는 지금까지 그런 주장이 정부를 편달하고, 정부가 하는 협상의 입장을 강화하는 데 도움이 될 수 있으리라 생각하여 이것을 호의적으로 받아들여 왔습니다.

그러나 만일 그들의 주장이 진심으로 우리가 또다시 일본의 침략을 당할까 두려워하고 경제적으로 예속될까 걱정하는 것이라면, 나는 그들에게 묻고 싶습니다. 그들은 어찌하여 그처럼 자신이 없고 피해의식과 열등감에 사로잡혀서, 일본이라면 무조건 겁을 집어먹느냐 하는 것입니다.

이와 같은 비굴한 생각이야말로 굴욕적인 자세라고 나는 지적하고 싶습니다. 일본사람하고 맞서면 언제든지 우리가 먹힌다는 이 열등의식부터 우리는 깨끗이 버려야 합니다. 한걸음 더 나아가서, 이제는 대등한 위치에서, 오히려 우리가 앞장서서 그들을 이끌고 나가겠다는 우월감은 왜 가져보지 못합니까? 이제부터는 이러한 적극적인 자세를 가지고 나가야 합니다."[65]

일본에 대해 자신감을 가져야 한다는 주장은 당시 국민들의 가슴에 와 닿지는 않았다. 어쨌든 그는 담화문의 말미에서 일본에 대한 두려움을 극복하고 국교 정상화를 발전의 계기로 삼자고 제안했다. 나라를 빼앗긴 을사조약의 과오를 되풀이하면 안 된다는 그의 호소는 여러 가지로 의미심장하다.

"한마디로 한일 국교 정상화가 앞으로 우리에게 좋은 결과를 가져오느냐, 불행한 결과를 가져오느냐 하는 관건은, 우리의 주체의식이 어느 정도 건재하느냐, 우리의 자세가 얼마나 바르고 우리의 각오가 얼마나 굳으냐에 있다는 것입니다.

우리가 만약에 정신을 바짝 차리지 못하고, 정부는 물론이거니와, 정치인이나, 경제인이나, 문화인이나 할 것 없이 국리민복을 망각하고 개인의 사리사욕을 앞세우는 일이 있다면, 이번에 체결된 모든 협정은 그야말로 치욕적인 제2의 을사조약이 된다는 것을 2천7백만 국민 개개인이 다 같이 깊이 명심해야 할 것입니다."[66]

박 대통령은 이렇게 국교 정상화에 반대하는 국민들을 설득했다. 그의 철학과 소신이 담겨 있는 담화문은 오늘날 한일관계에 대해서도 많은 것을 시사한다. 현재의 시각에서 보면, 국민들의 엄청난 반대와 저항을 무릅쓰고 정부가 체결한 당시의 조약과 협정은 결과적으로 올바른 선택이었다. 세계 10위권의 경제 강국으로 성장한 한국의 위상이 바로 그 증거다. 그렇게 외자유치를 통해 수출주도형 경제정책을 추진하지 않았다면, 고도의 경제성장은 이루지 못했을 것이다.

제 5 장

1965년 합의의 후유증

제 5 장 1965년 합의의 후유증

1965년 합의의 후유증은 위안부나 강제징용 등 과거사 문제의 미해결 때문에 나타났다. 2015년 12월 28일 한일 양국의 외교장관은 아베 총리가 '위안부 문제에 대한 일본군의 관여와 책임을 인정하고 사죄한다'는 합의문을 발표했다. 일본은 화해치유재단을 통해 실질적인 배상도 했다. 그러나 시민단체의 반대와 여론의 악화로 합의는 정권교체와 함께 번복됐다. 한국의 사법부는 위안부나 강제징용 배상과 관련하여 일관된 입장을 보여주지 못하고 있다. 특히 '국가면제'를 부인하고 위안부 문제에 대한 일본의 책임을 묻는 것과, 청구권협정에도 불구하고 반인도적 불법행위라는 명분으로 개인의 청구권을 인정한 것은 국제법의 가치와 국제사회의 상식에 어긋나는 것이다. '사법자제의 원칙'을 부인한 것도 국제사회의 흐름에 배치된다. 일본의 책임 문제에 대한 이런 혼란은 1965년 합의 당시의 시대적 상황을 제대로 이해하지 못한 탓이다.

13. 위안부 문제와 일본의 책임

일본의 공식적 사과

2015년 12월 28일, 일본 정부는 한일 간의 오랜 현안이었던 위안부 문제에 대한 책임을 양국 외교장관의 기자회견에서 명시적으로 인정했다. 기시다 후미오(岸田文雄) 외상은 합의문에서 다음과 같은 입장을 밝혔다.

"위안부 문제는 당시 군의 관여하에 다수 여성의 명예와 존엄에 깊은 상처를 입힌 문제로서, 이러한 관점에서 일본 정부는 책임을 통감합니다. 아베 내각총리대신은 일본국 내각총리대신으로서 다시 한 번 위안부로서 많은 고통을 겪고 심신에 걸쳐 치유하기 어려운 상처를 입은 모든 분들에 대해 마음으로부터 사죄와 반성의 마음을 표명합니다."

그리고 일본 정부의 예산으로 다음과 같이 피해자의 명예와 존엄의 회복과 상처의 치유를 위한 조치를 취하겠다고 했다.[67]

"일본 정부는 지금까지도 본 문제에 진지하게 임해 왔으며, 그러한 경험에 기초하여 이번에 일본 정부의 예산에 의해 모든 전(前) 위안부 분들의 마음의 상처를 치유하는 조치를 강구하겠습니다. 구체적으로, 한국 정부가 전(前) 위안부 분들의 지원을 목적으로 하는 재단을 설립하고, 이에 일본 정부 예산으로 자금을 일괄 거출하고, 한일 양국 정부가 협력하여 모든 전(前) 위안부 분들의 명예와 존엄의 회복 및 마음의 상처 치유를 위한 사업을 하겠습니다."[68]

1991년 8월 위안부 문제가 본격적으로 제기된 이후, 한국은 일본에 대해 진상 규명과 사죄를 요구했다. 1965년 6월 국교 정상화에 이르기까지 긴 협상 과정에서 위안부 문제는 구체적으로 다루어지지 않았다. 그래서 일본도 이 문제가 '청구권협정' 제2조에 의해 '완전히 최종적으로 해결됐다'고 변명할 수가 없었다. 이는 '상대방의 모든 청구권에 대해 어떠한 주장도 할 수 없다'는 내용에 해당된다고 보기도 힘들었다. 한국의 시민단체는 일본의 진정한 사죄와 반성 외에 책임자의 처벌과 배상까지 요구했다.

일본은 여러 차례 이 문제에 대해 사과했다. 우선 1992년 1월 17일 서울에서 미야자와 기이치(宮沢喜一) 총리는 한국인의 고통과 슬픔에 대해 반성하고 사죄하며, 최근 불거진 위안부 문제에 대해서도 진심으로 사과한다고 했다. 이어서 1992년 7월 6일 가토 고이치(加藤紘一) 관방장관은 사과와 반성을 표명하는 담화를 발표했다.

1993년 8월 4일 고노 요헤이(河野洋平) 관방장관은 **위안부의 모집, 이송, 관리에 '일본군의 강압'이 있었다고 인정하고**, 이에 대해 마음으로부터 사죄하고 반성다고 했다.[69] 1994년 8월 31일 무라야마 도미이치(村山富市) 총리는 위안부 문제는 여성의 명예와 존엄에 깊은 상처를 입힌 문제이기 때문에, 이번 기회에 다시 **마음으로부터 깊은 사죄와 반성의 뜻을 밝힌다고 했다.**[70] 고노 장관과 무라야마 총리의 담화는 이후 일본의 구체적인 사과의 기준이 됐다.

일본은 1995년 아시아 여성기금을 설립하여, 한국, 필리핀, 대만의 위안부 피해자들에게 총리의 사죄 편지와 일인당 2백만 엔의 보상금을 지급했다. 하시모토 류타로(橋本龍太郎) 총리는 당시 마음으로부터 위안부 문제에 대해 반성하고 사죄한다고 했다. 2001년에는 고이즈미 준이치로(小泉純一郎) 총리가 다시 이 문제에 대해 사과했다.

아베 신조(安倍晋三) 총리도 2007년 4월 위안부 피해자들에게 죄송하다는 뜻을 기자회견에서 밝혔다. 다만 그는 일본군이 총칼로 위협해서 위안부를 강제 연행한 증거는 없다고 한발 물러섰다. 그러다가 2015년 12월 28일의 위안부 합의를 통해 일본군의 '관여'와 일본의 '책임'을 정식으로 인정하고 사죄했다. 그는 위안부 합의 발표 당일 박근혜 대통령에게 직접 전화를 걸어 다음과 같이 정중하게 사과했다.

"일본 내각총리대신으로서 다시 한 번 위안부로 많은 고통을 겪고 심신에 치유하기 어려운 상처를 입은 모든 분들께 진심으로 사죄하고 반성합니다."

이렇게 일본은 위안부 문제에 대해 공식적으로 책임을 인정하고, 사죄하고, 실질적인 배상도 했다. 일본은 책임의 이행조치로 10억

엔을 한국에 설립되는 재단에 출연했다. 그렇게 제공된 자금은 2016년 7월 출범한 화해치유재단을 통해 생존 피해자와 유족 92명에게 총 44억 원이 지급됐다.

그러나 문재인 대통령의 취임 후, 정부는 위안부 합의를 번복하고 화해치유재단을 해산해버렸다. 문재인 대통령은 2018년 9월 유엔에서 아베 총리에게 화해치유재단의 해산을 통고하면서, 그런 결정이 일본에 대한 위안부 합의의 파기나 재협상의 요구를 의미하는 것은 아니라고 했다. 그러면서 문 대통령은 2021년 1월 18일 신년 기자간담회에서 2015년의 위안부 합의가 한일 간의 공식 합의임을 인정한다고 했다.[71]

합의의 법적 성격

그러면 한일 위안부 합의의 법적 성격은 무엇인가. 위안부 합의는 국가 간의 조약은 아니다. 조약은 '명칭에 상관없이 문서의 형식으로 체결되는 국제적인 합의'로서 국제법에 의해 규율되는 것을 말한다(비엔나협약 제2조 1항). 따라서 위안부 합의는 구속력이나 법적 강제력이 배제되는 양국 간의 '비구속적 합의'(nonbinding agreement)라 할 수 있다. 국제사회에서 그런 합의는 통상 신사협정, 공동성명, 정치적 선언 등의 형태로 나타난다. 위안부 합의가 구체적으로 어떤 종류인지는 합의의 내용과 당시의 상황을 통해 유추할 수밖에 없다.

물론 비엔나협약에 규정된 요건을 갖추지 않은 비구속적 합의가 조약과 같은 효력을 갖는 경우도 있다. 동부 그린란드의 영유권에 대해 노르웨이의 외교장관이 덴마크에 한 구두 약속은 법적 의무를 갖는다고 결정한 판례가 그렇다(1933년 동부 그린란드 사건).[72] 카타르와 바레인의 외교장관들이 서명한 의사록이 구속력 있는 국제적 합의(international agreement)라고 결정한 판례도 있다(1994년 카타르·바레인 사건).[73] 그러나 2015년 위안부 합의는 그런 정도의 구속력이나 법적 의무를 갖지는 않는다.

그렇다고 해서 위안부 합의의 번복이 외교적으로 정당화되지는 않는다. 일본은 총리의 사과문을 통해 국가의 책임을 인정하고 관련 조치를 취했다. '도의적'이나 '정치적'과 같은 수식어가 없는 총리의 사과는 작지 않은 외교적 성과였다. 따라서 한국의 합의 번복은 일본의 정식 사죄를 수용하지 않겠다는 것이 된다. 여러 차례의 사과에 더해, 양국이 최종 합의한 내용을 다시 뒤집은 것은 현명하지 못하다. 그런 정치적 판단은 실리 외교를 무시한 것으로, 국제적으로도 문제가 된다.

일본에 위안부 문제의 재협상을 요구하지 않는다고 한 문재인 정부의 입장은 모순이다. 재단을 해산하면서 합의의 파기는 아니라고 한 주장은 누가 보더라도 요령부득이었다. 위안부 합의를 신사협정에 준하는 비구속적 합의로 본다면, 한국의 조치에는 신사의 '품격'이 없었다. 화해치유재단의 해산은 실질적으로 합의의 파기다. 그렇게 해서 우리는 일본에 대해 갖던 도덕적 우위도 잃어버렸다. 한국의 입장은 국제적으로 매우 궁색해졌다.

국제사회의 압력

노무현 정부 이후, 한일 간의 위안부 문제 협상의 쟁점은 일본의 법적 책임 인정 여부였다. 한일회담 문서의 공개 후, 2005년 8월 26일 총리실 산하 민관공동위원회는 "위안부 문제처럼 일본 국가권력이 관여한 반인도적 불법행위는 '청구권협정'의 대상이 아니므로 일본 정부의 법적 책임이 남아 있다"고 했다. 한국 측 한일회담의 자료에는 위안부 문제의 언급은 없었다.

이명박 대통령의 임기 중, 2012년 10월에 이동관 외교통상부 특임대사와 사이토 쓰요시(齋藤勁) 관방 부장관은 잠정안에 합의하기도 했다. 그 안은 총리의 사죄 편지를 일본 대사가 위안부 피해자들 앞에서 읽고, 일인당 3백만 엔을 지급한다는 것이었다. 그러나 12월 16일 민주당이 총선 패배로 물러나면서 합의는 실현되지 못했다.[74]

이런 과정에서 일본은 도의적 책임만 인정하겠다고 했다. 특히 역사 수정주의로 과거사를 부정한 아베는 고노 담화를 수정하는 등 강경한 태도를 보여 왔다. 그는 2013년 12월 야스쿠니신사 참배로 오바마(Barack Obama) 대통령으로부터 실망했다는 말을 들었다. 그 후 아베는 총리 재임 시에 야스쿠니신사에 공물만 봉납해왔다. 그런 아베로부터 박근혜 정부가 일본의 책임을 인정받은 것은 그만큼 협상을 잘한 것이라고 해야 할 것이다.

그것은 미국과 국제사회의 압력이 있었기 때문에 가능했다. 1996년 2월과 1998년 6월 유엔에서 '쿠마라스와미'(Radhika Coomaraswamy) 보고서와 '맥두걸'(Gay J. McDougall) 보고서가 각각 공표된 이후, 위안부 문제는 국제적인 관심사가 됐다.[75] 미국도 동맹국인 일본에 전시 성폭력 문제에 대한 책임의 인정을 권고했다. 2013년 12월 방한한 조 바이든(Joe Biden) 부통령은 박근혜 대통령에게 위안부 협상을 도우기 위해 노력하겠다고 약속했고, 실제로 아베에게 수차례 협조를 요청했다. 오바마 대통령도 아베를 설득했다. 위안부 합의의 이면에는 그런 국제정치적 움직임이 있었다.[76] **사실 위안부 합의는 아베 총리가 아니었으면 불가능한 것이었다.** 다른 정치인이 그런 합의를 하려고 했다면, 일본의 우파나 여론이 가만히 있지 않았을 것이다. 게다가 당시는 누가 보더라도 클린턴 국무장관이 오바마의 후임이 될 가능성이 높았고, 아베도 그런 사정을 외면할 수 없었다.

한국도 사정은 비슷했다. **박근혜 대통령은 여성의 입장에서 국교 정상화 50주년이 되는 해를 넘기지 말고 이 문제를 해결하려고 했다.** 그러나 힘든 합의는 결국 정권교체와 함께 번복되었다. 그런 사정을 이해하지 못한, 아니면 알면서도 모른 체한 몰지각한 시민 단체의 반대에 여론도 동조했다.

사법부의 혼란

2011년 8월 30일, 헌법재판소는 위안부 문제의 해결을 위해 노력하지 않는 정부의 부작위는 위헌이라는 결정을 내린 바 있다. 그러나 2019년 12월 27일 헌법재판소는 위안부 합의의 헌법소원에 대해 만장일치로 각하 결정을 내렸다. 즉, 위안부 합의는 조약이 아닌 정치적 합의이기 때문에 헌법소원심판의 대상이 되지 않는다고 판단한 것이다. 헌법재판소는 피해자들을 대리한 민변의 주장을 인정하지 않고, 위안부 합의는 기본권 침해와 무관하다고 한 외교부의 손을 들어줬다.

이렇게 헌법재판소가 발을 빼면서, 위안부 문제는 국내적으로 거의 종결되는 듯했다. 그러나 2021년 1월 8일 서울중앙지방법원이 위안부 피해자들이 일본 정부를 상대로 제기한 소송에서 원고측 손을 들어주면서 문제가 복잡해졌다. 법원은 12명의 피해자들이 2015년 10월 제소한 사건에서 위안부 합의에 배치되는 판결을 내렸다. 법원은 일본의 반인도적 행위는 국가면제(주권면제)가 적용되지 않는다고 하여 원고의 청구를 모두 인용했다.[77]

그런데 3월 29일에 서울중앙지방법원은 이 사건과 관련하여,

"소송비용 중 일본으로부터 추심할 수 있는 부분은 존재하지 않는다"고 결정했다. 재판부는 한일청구권협정과 2015년 위안부합의 등 여러 조약과 합의 및 국제법상 금반언의 원칙을 고려하면, 이 사건에 대한 추심 결정의 인용은 조약법에 관한 비엔나협약 제27조 등 국제법에 대한 위반이 된다고 판단했다.[78] 그리고 2021년 4월 21일 서울중앙지방법원은 다른 위안부들의 청구에 대하여 국가면제를 이유로 각하 판결을 내렸다.[79] 그러나 2021년 6월 9일 서울중앙지방법원은 일본이 재산상태를 명시한 재산목록을 강제집행을 위해 제출해야 한다고 결정했다.[80]

이렇게 위안부 문제에 대한 국내의 판결은 재판부를 구성하는 판사의 성향에 따라 상반되게 내려졌다. 어쨌든 위안부 합의에 배치되는 판결의 집행은 현실적으로 불가능하다. 판결의 집행은 일본의 재산을 압류하는 절차를 거쳐야 하지만, 그런 조치는 '외교관계에 대한 비엔나협약' 등 국제법에 정면으로 위배된다.

이 판결은 '신의성실의 원칙'이나 '금반언의 원칙'에도 맞지 않다. 2012년 국제사법재판소의 '주권면제'에 대한 '페리니' 사건도 일본에 유리한 내용을 담고 있다.[81] 따라서 일본의 반발을 잠재우기 위해서는 양국이 2015년 위안부 합의에 입각하여 이 문제를 외교로 푸는 수밖에 없다.

물론 대량학살이나 고문과 같은 반인도적인 전쟁범죄에는, 국가가 외국의 국내 재판관할권으로부터 면제된다는 '주권면제'가 인정되지 않는다. 2013년 영국이 케냐에 대해, 또 네덜란드가 인도네시아에 대해 사과하고 배상한 케이스가 그런 경우다. 그리스 대법원도 이차대전 중 발생한 '디스토모' 대량학살 사건의 2000년 판결에서 국가면제를 부인하고 피해자의 손을 들어줬다.[82] 다만 그리스 대법원의 판결은 법무부의 반대로 집행이 유보됐다. 유럽인권재판소도 피해자의 청구를 기각했다.

이런 판결의 경향을 감안하면, 국제사법재판소나 국제중재에 의한 위안부 문제의 해결 가능성은 희박하다. 만약 위안부 모집의 강제성이 반인도적 범죄의 수준이었다는 것이 명백하게 입증된다면, 사정은 달라질 수도 있다. 그러나 일본군의 위안부 강제연행을 합리적 의심의 여지없이 입증하기는 쉽지 않다. 일본은 위안부 모집에 대한 군의 관여는 인정하되, 강제성은 없었다고 주장한다. **현실적으로 2015년 위안부 합의보다 높은 수준의 사과를 일본으로부터 받아 내는 것은 불가능하다.**

14. 강제징용 배상 판결

개인의 청구권

위안부 문제와 함께 강제징용 피해자의 배상 문제도 한일 사이의 현안이 됐다. 피해자들은 일본과 한국에서 강제징용 피해 소송

을 제기했다. 국내에서 제기된 소송의 경과를 간략하게 정리해
보자.

이춘식 씨를 비롯한 강제징용 피해자 4명은 2005년 2월 28일
신일철주금을 상대로 서울중앙지법에 소송을 제기했다. 원고는
2008년 4월 3일 패소 판결을 받고, 2009년 7월 16일 서울고법에서
의 항소도 기각된다. 그러나 2012년 5월 24일 대법원은 원심을 파
기환송했다. 그리고 2013년 7월 10일 파기환송심에서 서울고법은
신일철주금이 피해자 일인당 1억 원씩 배상해야 한다는 판결을 내
렸다. 이 판결은 2018년 10월 30일 대법원 전원합의체에 의해 최
종 확정됐다.

2012년 판결에서 대법원은 일본에서의 원고 패소 판결은 우리
헌법의 핵심 가치와 충돌하므로 인정할 수 없으며, 신일철주금은
한국법에 따르면 과거 일본제철을 승계한 기업이므로 채무도 승계
된다고 판시했다. 또한 '청구권협정'은 대일평화조약 규정에 따라
한일 양국이 재정적·민사적 채권·채무 관계를 정리한 것이므로,
**일본의 반인도적 불법행위에 대한 개인의 손해배상청구권은 소멸하
지 않았다고 했다.** '청구권협정'으로 한국의 외교적 보호권도 포기
되지 않았으며, 소멸시효도 완성되지 않았다고 했다.

2012년 판결 당시 주심이었던 김능환 대법관은 "건국하는 심정
으로 판결문을 썼다"고 기염을 토했다. 그러나 그는 **외교적·섭외적
사건의 특수성을 고려하지 않고 우물 안 개구리 식 판결을 내렸다.**

결국 당시 판결은 국내 정치판을 뒤흔들고, 한일관계를 악화시켜 버린 출발점이 됐다. 이 판결에 대한 반대의견이나 비판적 분석은 지면 관계상 논하지 않기로 한다.

다만, 판결이 국제법의 원칙과 법리를 국내적 관점에서 철저하게 무시한 점은 앞으로도 문제가 될 것이다. 이 판결은 국제법상 확립된 원칙인 '국제법상 의무 위반은 국내법으로 정당화되지 않는다'는 내용에 반한다. 조약의 해석에 대한 분쟁은 국가 간의 다툼이고, 그런 분쟁은 당연히 국제법을 근거로 해결된다는 것을 잊지 말아야 한다.

사법자제의 원칙

무엇보다도 우리 대법원이 '사법자제의 원칙'을 고려하지 않은 것은 심각한 문제다. 선출직 공무원이 아닌 재판관은 외교적으로 잘못된 판결을 내려도 정치적 책임을 지지 않는다. 그러나 미국, 영국, 프랑스, 독일 등 **선진국은 사법부가 행정부의 입장을 존중하여 중요한 외교적 사건을 판단하고 있다.**

영국에서 법원은 '행정부 확인서'(executive certificate)를 외교부로부터 받아서 재판을 진행한다.[83] 이는 19세기 이래 내려온 행정부와 사법부의 협조 전통으로서, 사법부가 섭외적인 사건에 대해서는 외교부의 의견을 존중하여 판단한다는 관행으로 확립됐다.

미국도 국제법적 판단이 필요한 사항은 전문가의 자문을 구하여 사법적 판단을 내린다. 특히 연방대법원은 그런 사건에 대해 국무부나 국제법 전문가의 의견을 존중한다. 이렇게 전문적 의견을 제시하는 자를 '법정의 친구'(amicus curiae)라고 한다.

2013년 2월 출범한 박근혜 정부는 2012년 5월의 대법원 판결에 비판적인 입장이었다. 양승태 대법원장도 김능환 대법관이 내린 판결에 불만이었다. 그런 맥락에서, 박근혜 대통령은 위안부 합의를 전후하여 김규현 외교안보수석에게, "강제징용 배상 판결이 확정되면 나라 망신이자 국격의 손상"이라며, 외교부의 의견서를 대법원에 보내라고 지시했다. 박 대통령은 위안부 문제에 대한 일본과의 협조를 위해 그런 정치적 판단을 내렸다.[84]

그렇게 진행된 외교부와 대법원의 접촉은 나중에 사법적폐로 엄청난 후폭풍을 일으켰다. 한국에도 사법자제의 원칙이 확립돼 있었다면, 두 기관의 접촉은 문제가 아니었을 것이다. '청구권협정' 대책 TF 팀장을 역임한 김영원 대사는, "하나의 통일된 의견을 대외적으로 내는 것은 외교 무대에서 상식인데, 선진국에서 관행으로 자리 잡은 부처 간 의견교환을 이유로 법관과 공무원을 수사하고 재판하는 상황은 국제적으로 매우 이례적이다"라고 평가한 적이 있다. 그는 강제징용 문제에 대해 대법원과 외교부가 의견을 나눈 것을 재판거래로 보면 안 된다고 했다.[85]

한국의 삼권분립은, 외교 문제에 관한 한, 선진국들의 경우에 비해 잘못 작동되고 있다. 한국의 사법부는 대외적 사건도 모두 관여해야 한다는 '사법 만능주의'에 빠져 있다. 그러나 사법부도 국가의 일부이기 때문에 외교적 사건을 국내법의 가치와 법리만으로 판단하는 것은 문제가 있다. 강제징용 배상 판결도 결국 위안부 문제와 마찬가지로 '신의성실의 원칙'과 '금반언의 원칙'에 반하는 결과를 가져왔다. 이렇게 선진국의 '행정부와 사법부의 협조'라는 관행이 한국에서 사법적폐로 비난받는 상황은 정상이 아니다.

윤석열 정부가 들어선 이후 한국 측은 이 문제를 해결하기 위해 많은 노력을 기울였다. 일본은 이제는 한국이 구체적인 해법을 제시해야 한다는 입장이다. 국내적으로 이와 관련하여 다양한 방법이 제시됐다. 양국 기업의 기금에 자발적 모금을 더해서 피해자들에게 위자료를 지급하자는 안, 판결의 채권을 정부가 양수해서 피해자들에게 대신 지급하자는 안 등이 논의되고 있는데, 어쨌든 피해자들에 대한 설득과 사법부의 협조가 관건이다.

[표 6] 강제징용 피해 소송 및 사법적폐 수사 일지

1997.12.24	오사카 지방재판소	여운택 등 강제징용 피해자 손해배상 소송 제기
2001.3.27	오사카 지방재판소	원고 패소 판결
2002.11.19	오사카 고등재판소	항소 기각 판결
2003.10.9	일본 최고재판소	상고 기각 판결

2005.2.28	서울중앙지방법원	이춘식 등 강제징용 피해자 손해배상 소송 제기
2008.4.3	서울중앙지방법원	원고 패소 판결
2009.7.16	서울고등법원	항소 기각 판결
2012.5.24	대법원	파기 환송 판결
2013.7.10	서울고등법원	신일철주금에 피해자 일인당 1억원 배상 판결
2018.7.20	서울중앙지방검찰청	강제징용 소송 관련 의혹 수사
2018.10.30	대법원	신일철주금에 피해자 일인당 1억원 배상 최종 확정판결

골대를 옮기는 한국

일본은 위안부 합의와 강제징용 배상 문제에 대한 한국의 입장 변화에 난감해 한다. 일본은 '청구권협정'과 위안부 합의 및 여러 차례의 공식적 사과를 통해 이런 문제들이 해결됐다고 본다. 그래서 한국이 협상과 사과를 매번 요구하는 것은 '골대를 옮기는 것과 다름없다'고 주장하기도 한다. 스포츠에서 골대를 옮긴다는 것은 정상적인 경기 운영을 하지 않겠다는 것이다. 그것은 반칙 같은 비신사적 행위의 차원을 넘는 심각한 문제가 된다.

우리는 왜 일본이 볼멘소리를 하는지 생각해볼 필요가 있다. 우리가 일본의 한국 침략과 지배, 착취의 책임을 묻는 것은 당연하다.

하지만 상대방의 의중과 상관없이 해방 후 지금까지 계속 사과를 요구하는 것이 어떤 의미가 있는지도 생각해야 한다. 국제사회는 또 한국과 일본의 책임에 대한 공방을 어떻게 바라보는가? 우리는 이런 의문을 곰곰이 생각해보고, 한일 간의 현안을 바라볼 수 있어야 한다. 반복되는 비합리적 요구는 자칫하면 국가의 품격과 위상을 깎아내릴 수도 있기 때문이다.

일본의 식민지 지배는 분명히 우리에게 치욕의 역사다. 그러나 우리는 일단 '한일기본관계조약'과 '청구권협정'으로 일본과의 국교를 정상화했다. 위안부 문제라는 일본의 반인도적 행위도 힘든 협상과정을 거쳐 일단 정리했다. 돈으로 환산할 수 없는 우리의 피해를 그렇게 마무리 지었기 때문에, 그것은 굴욕적인 합의라고 볼 수도 있다. 그렇지만 당시 일본으로부터 그 이상의 양보를 받아낸다는 생각은 비현실적이었다.

일본이 진정으로 사과했는지 따져보면, 문제는 더 복잡해진다. '국제법의 쟁점'이라는 학부 수업에서 한 여학생이 다음과 같은 질문을 이메일로 보내왔다. 위안부 문제에 대한 한국과 일본의 국가책임 문제를 기말고사에 출제한 직후였다.

"안녕하세요 교수님, 다른 학생들에게 방해가 될까 하여 이렇게 따로 메일 드리는 점 양해 부탁드립니다.

아베 전 총리가 위안부 합의 직후인 2016년 1월(박근혜 전 대통령 재직 중) 일본 의회에서 한일 위안부 합의에서의 내용을 뒤집고 다시 위안부의 강제연행의 증거가 없고, 성노예의 표현이 옳지 않다고 주장했다는 신문기사를 보냅니다.

한국의 위안부 폐기가 금반언의 원칙 또는 신의성실의 원칙에 반할 수 있다는 점은 저도 인지하고 있으나, 아베 전 총리의 이런 행위도 마찬가지로 국가에 귀속되어 금반언의 원칙 혹은 신의성실의 원칙에 위배된다고 할 수 있을까요?"

나는 학생의 질문에 대해 아베는 처음부터 진심으로 사죄할 마음이 없었기 때문에 일본 의회에서 그렇게 변명했다고 답했다. 아베가 한국에 직접 그렇게 말하면 금반언의 원칙에 위배된다고 우리가 항의할 수 있겠지만, 일본 국내에서 한 정치적 발언을 전부 지적하고 항의한다는 것은 불가능하다고 설명했다. 정치인은 원래 그런 존재라서 도리가 없다는 것도 언급했다.

사실 아베는 미국과 국제사회의 압력으로 할 수 없이 사과했고, 일본군의 위안부 강제연행의 증거가 없다는 입장을 바꾼 적이 없었다. 다만, 그는 기시다 외상이 서울에서 대독한 사과문에서 일본군의 '관여'를 인정했을 뿐이었다. 다른 정치인들의 발언도 마찬가지다. 일본의 극우 정치인들은 식민지 지배가 한국의 근대화에 도움이 됐다고 주장하기도 한다. 위안부 문제는 완전한 날조라고 주장하는 사람도 있다. 계속되는 일본의 사죄에도 불구하고, 그 진정성이 의심받는 것은 이런 정치적 주장 때문이다.

그렇지만 정치인의 개인적 발언을 핑계로 일본이 사과했다는 사실 자체를 부인할 수도 없는 노릇이다. 일본의 정치인 모두가 한국에 진정으로 반성하고 사과하기를 바라는 것은 우리의 희망적 사고에 불과하다. 한국에도 극단적이고 황당한 주장을 펴는 정치인이 적지 않다. 철인정치(哲人政治)는 교과서에 나오는 이론일 뿐이다.

15. 지금은 맞고 그때는 틀리다

국제정치의 맥락

국교 정상화 협상 당시 식민지 지배의 책임을 부인하는 일본을 한국이 설득하는 것은 불가능했다. 일본은 '대일 평화 7원칙'을 근거로 한 '대일평화조약'에서 식민지 문제에 대한 책임을 면제받았기 때문에, 한국과의 협상도 그렇게 돼야 한다고 주장했다. 연합국의 '관대한' 강화 내지 '자비로운' 강화로 전쟁책임과 배상의 부담을 벗어난 일본은 시종일관 그런 태도를 유지했다.[86]

미국은 왜 일본에 대해 '엄격한' 강화가 아닌 '관대한' 강화를 적용했을까? 미소 냉전이 시작된 당시의 상황에서 미국은 일본을 자유민주주의 진영의 일원으로 포용해야 했다. 일본이 아닌 소련과 중국이 미국의 적대국으로 등장했다.[87] 그래서 미국은 한국전쟁에서 큰 희생을 치르고 한국과 일본을 자유진영의 보루로 지켜냈다. 연합국이 대일평화조약을 그렇게 체결한 것은 그런 사정 때문이었다.[88] 한국은 대일평화조약에 초대받지 못하고, 일본과의 개별협상에 나설 수밖에 없었다.

미국은 한국전쟁이 계속되는 중에 대일평화조약을 마무리 지었다. 그리고 대일평화조약의 체결 후, 바로 한국과 일본은 협상을 시작했다. 미국은 양국이 국교 재개 협상을 조속히 타결하기를 원했다. 그러나 미국도 양국의 복잡한 역사와 민족감정은 어떻게 할 수 없었다. 이승만 대통령의 민족주의적 입장과 일본의 완강한 태도로 협상은 공전을 거듭했다.

양국의 협상이 합의를 위한 본궤도에 오른 것은 박정희 대통령의 집권 후였다. 박정희 장군은 쿠데타에 성공한 후, 1961년 11월 11일 일본을 거쳐 미국을 방문했다. 당시 국가재건최고회의 의장이었던 그는 군사 쿠데타에 대한 미국의 이해를 구하고, 일본의 경제적 도움을 받기로 결심했다. 이때 케네디와 박정희 사이에 처음 한국군의 베트남 파병 문제가 거론됐다. 1962년 11월 12일, 김종필 중앙정보부장이 오히라(大平正芳) 외상과 쟁점에 대한 합의메모를 교환한 후, 양국의 협상은 본격적으로 진행됐다.

1961년 8월 '베를린 장벽'의 건설로 동서냉전은 격화되고 있었다. 1962년 9월 24일, 미국의 딘 러스크(Dean Rusk) 국무장관은 오히라 외상을 만나 한일 간의 국교 재개와 오키나와 문제를 논의했다. 동년 10월 16일 '쿠바 미사일 위기'가 발생했다. 1964년 8월에는 미국이 통킹만 사건으로 '베트남전쟁'에 개입하게 된다. 1964년 10월 중국은 신장(新疆)에서 첫 '핵실험'에 성공했다.[89]

한국은 1964년 9월 약간의 의무·간호장교와 위생병을 처음 베트남에 파병하고, 1965년 3월 비전투병력을 소규모 파병했다. 1965년 5월 16일 미국을 방문한 박 대통령은 존슨 대통령과의 회담에서 한일 국교 재개와 한국군의 추가 파병 문제를 논의했다. 그렇게 해서 10월부터 본격적인 한국군의 베트남 파병이 시작됐다.

한일 국교 정상화는 당시의 국제정치의 맥락에서 이해해야 한다. **핵확산과 냉전의 격화, 미국이 요청한 한국군의 베트남 파병을 감안하지 않고, 한일 관계라는 양자의 틀에서만 이를 평가하는 것은 근시안적이다.** 쿠데타 후, 대선에서 신승한 박정희에게 경제개발은 국가의 생존을 위한 최우선 과제이자, 북한과의 경쟁에서 승리하기 위한 절박한 목표였다. 그래서 경제개발을 위한 자금이 절대적으로 필요했다.

일반 국민들은 이런 사정과 맥락을 이해하지 못했다. 쿠데타를 감행한, 관동군 출신의 장교가 일본의 사과를 받지 않고 국교를 재개한다는 것을 용납할 수 없었다. 그러나 그 후 한국은 미국과 일본의 도움으로 고도의 경제성장을 이룩했다. 국교 정상화에 대한 국내적 논란은, 홍상수 감독 영화의 제목처럼, '지금은 맞고 그때는 틀리다'라고 정리할 수 있을 것이다.

역사를 있는 그대로 인정해야

위안부와 강제징용 문제를 둘러싼 갈등은 '한일기본관계조약'
과 '청구권협정', 즉 1965년 체제를 통해 바라볼 필요가 있다. 당시
의 시각에서 보면, 1965년 체제는 분명히 부족한 부분이 있었다.
그러나 우리는 그렇게 협상을 마무리할 수밖에 없었던 전후 맥락을
이해해야 한다. 미국이 주도하는 국제질서하에서, 미국 덕분에 독
립하고 침략전쟁을 막아낸 한국에 다른 선택의 여지는 없었다. 국
교 정상화는 잘못 끼운 첫 단추였지만, 당시 한국은 처음부터 단추
를 바로 끼울 여유도 없었다.[90]

일본의 책임 문제에 대한 작금의 혼란을 보면, 우리 사회에는
그런 시대적 특수성을 이해하려는 노력이 부족하다는 것을 새삼 느
낀다. 오늘의 기준으로 당시의 결정을 비난하고, 오늘의 시각으로
그것을 수정하는 것이 얼마나 비합리적인지 생각해야 한다. 상대
방을 인정하지 않는 외교관계가 있을 수 있는지도 심각하게 고민해
야 한다. 우리의 시각으로만 외교적 사안을 재단한다면, 상대방과
의 협상이나 외교는 필요하지도 않을 것이다.

위안부 합의에 대한 정부의 번복과 강제징용 배상에 대한 대법
원의 판단은 외교관계를 고려하지 않은 일방적 결정이었다. 잘못
된 외교적 판단은 부메랑이 되어 국가적 손실로 돌아오는 경우가
많다. 물론 정부의 정치적 판단과 사법부의 결정을 국제관계의 시

각으로만 비판하는 것도 능사는 아니다. 그러나 그것이 국민의 반일 정서에 기댄 정략적 결정이었다면, 그 잘못에 대한 책임은 가볍지 않다.

정치든 법이든, 어떤 가치를 지향하는 영역은 반드시 지켜야 할 원칙이 있다. 외교와 안보에도 그런 원칙이 있다. 더구나 정치와 법은 동전의 양면이다. 그런 원칙과 가치를 정략적 목적으로 포기한다면, 그것은 이미 정치도 법도 아니다. 역사는 어차피 과거에 대한 현재의 해석이자 평가다. 정부와 사법부가 과거를 평가하여 정치적 판단을 내릴 때는 그런 부분을 신중하게 고려해야 한다. 그래서 사법자제의 원칙이 필요하다.[91]

일본의 식민지 지배와 그에 대한 1965년 합의는 있는 그대로 받아들이면 된다. 잘 한 부분은 그대로 인정하고, 잘못된 부분은 반성의 계기로 삼아야 한다. 과거의 실수를 반복하지 않도록 하는 것이 중요하다. 우리는 역사를 바로 세운다는 명분으로 경제를 파탄시킨 IMF 사태와 같은 실수를 반복할 수는 없다.

우리는 일본에 대한 식민지 콤플렉스를 버려도 아무 문제가 없다는 자신감을 가져야 한다. 21세기는 한국이 근대화에 실패했던 19세기 말과 모든 상황이 다르다. 디지털과 정보통신의 시대에 한국은 분명히 일본보다 경쟁력이 있다. 한국의 IT산업과 문화예술 분야의 비교우위는 이미 입증됐다. 해방 후 80년이 돼 가는데, 과거에 매몰되어 국수주의와 반일에 몰두하는 상황은 비정상이다.

제 6 장
진퇴양난의 딜레마, 독도 문제의 진실

제 6 장 진퇴양난의 딜레마, 독도 문제의 진실

한국과 일본은 독도의 영유권에 대한 역사적 근거, 1905년 일본의 독도 선점 조치의 효력, 카이로 선언부터 샌프란시스코 평화조약까지 여러 법적 문서의 해석을 둘러싸고 대립하고 있다. 한국의 독도에 대한 영유권은 '세종실록 지리지'와 '대한제국칙령 제41호'의 내용으로 어느 정도 뒷받침된다. 일본의 '태정관지령'과 '조선국교제시말내탐서'도 독도가 일본과 무관한 섬이라는 사실을 밝히고 있다. 다만, 이런 자료들로 독도의 영유권이 적극적으로 입증되는 것은 아니다. 팔마스 섬, 클리퍼튼 섬, 멩끼에와 에끄레호, 동부 그린란드, 리기탄과 시파단 케이스 등 주요 판례를 통해 일본의 주장을 면밀히 분석하고, 독도 문제의 역사와 법적·정치적 측면을 고려하여 이를 냉정하게 접근해야 한다.

16. 갈등의 시작

외교의 귀신, 내치의 등신

1945년 9월 27일, 미군정청은 일본 어선의 조업을 규제하는 어업제한수역을 일본의 주변에 선포했다. 이를 통칭 '맥아더 라인' (MacArthur Line)이라고 부른다. 그런데 대일평화조약의 발효와 함께 맥아더 라인이 폐지될 것으로 예상되면서, 한국은 연안어업의 보호가 시급한 문제가 됐다. 당시에는 1945년 미국의 대륙붕에 대한 '트루먼 선언' 이후, 많은 국가들이 해양관할권의 경쟁적인 확대로 자국의 천연자원을 보호하고 있었다.

이러한 배경하에, 이승만 대통령은 1952년 1월 18일에 국무원 공고 제14호로 '대한민국 인접 해양의 주권에 대한 선언'을 공포했다. 한국은 이를 일본과의 평화를 위한 수역이라고 주장하여 '평화선'이라고 불렀고, 일본은 '이승만 라인' 또는 '이 라인'이라고 불렀다. 해안에서 대략 60해리에 이르는 이 수역에서 한국은 어업자원과 광물자원의 개발 및 관련 활동에 대한 주권을 주장했다. '주권'의 선언이라는 명칭에서 알 수 있듯이, 이 수역은 영해나 어업수역, 대륙붕을 포함하는 포괄적 성격을 가졌다.

일본을 비롯한 여러 국가들이 이에 반대했다. 특히 일본은 독도가 평화선 안에 포함된 것에 대해 엄청나게 반발했다. 평화선의 선포 후, 일본은 즉각 한국 정부에 대하여 독도가 자국의 영토라고 항의하고, 한국은 이에 대하여 강력하게 일본을 비난했다. 국교재개 협상이 1953년 10월 중단된 후, 4년 간 열리지 않은 것은 평화선과 구보타의 망언 때문이었다. 독도는 양국의 협상에서 폭파해서 없애버리자는 제안이 나올 정도로 난제였다.

독도는 미군정이 일본의 영토 범위와 어업권을 제한하면서 작성한 여러 문서에 일본 영토가 아닌 것으로 확인돼 있다. 1946년 1

월 29일자 「약간의 외곽지역을 정치상·행정상 일본으로부터 분리하는 것에 대한 각서」(SCAPIN 677)와 1946년 6월 22일자 「일본의 어업 및 포경업에 허가된 구역에 관한 각서」(SCAPIN 1033)가 대표적 문서이다. 다만, 그 중 일본의 영토 범위에 대한 최종적 결정으로 해석될 수 없다는 규정을 이유로, 일본은 독도의 영유권 주장을 포기하지 않고 있다. 그러나 대일평화조약과 미군정의 문서를 통합적으로 해석해보면, 독도의 영유권은 한국에 있다고 보는 것이 합리적이다.

이승만의 평화선 선포는 신의 한수였다. 패전 후 해양활동이 제한된 일본은 한국의 조치에 제대로 대응할 수 없었다. 그것은 그의 탁월한 외교적 안목 때문에 가능했다. 하버드대학과 프린스턴대학에서 석·박사 학위를 취득한 그는 일본의 아시아 침략과 대미 개전을 정확하게 예측했다. 한국전쟁에서는 반공포로를 석방하여 미국의 허를 찌르기도 했다. 그는 한미상호방위조약을 체결하여 미군을 한국에 계속 주둔시켰고, 아이젠하워를 설득하여 전술핵도 들여왔다.

그런 이유로, 독재와 실정으로 하야한 그를 '외교의 귀신, 내치의 등신'이라고 평가하기도 한다.[92] 어쨌든 독도 문제에 관한 한, 이승만의 판단과 과감한 결단은 아무리 높게 평가해도 지나치지 않다. **그의 선견지명이 아니었으면, 지금 독도에 대한 한일 간의 공방은 뒤바뀌어 있을 것이다.**

한국과 일본의 주장

한국과 일본은 독도와 관련하여 대략 다음과 같은 점을 둘러싸고 대립한다. 첫째, 독도의 영유권에 대한 역사적인 근거, 둘째 일본이 취한 1905년의 독도에 대한 선점 조치의 효력, 셋째, 카이로선언부터 샌프란시스코 평화조약까지 일련의 문서에 대한 해석이 그런 점이다.[93] 여기서 중요한 것은 법적인 근거가 되지 않는 역사적 기록은 영토분쟁을 법적으로 해결할 때 증거능력이 없다는 사실이다. 따라서 애매한 사료나 고지도는 홍보용 외에 큰 의미가 없다는 것을 알아야 한다.

영토 문제는 국제법과 국제정치가 복잡하게 얽혀 있는 국가 간의 갈등이다. 독도 문제도 그런 점을 고려하여 통합적으로 접근해야 한다. 일본에 대항력을 갖기 위해서는, 증거능력이 있는 사료와 그에 대한 법적 해석 및 설득력 있는 논리가 필요하다. 일본의 정치적인 주장이나 발언에 대해서는 단호하지만 의연하게 대처하는 것이 중요하다. 그런 맥락에서, 독도의 영유권에 대한 한일 양국의 주장을 정리해보자.

일본의 주장은 다음과 같이 정리할 수 있다. 첫째, 독도는 역사적으로 일본 고유의 영토였는데, 이를 1905년 시마네현 고시 40호에 의해 재확인했다. 한국이 주장하는 독도에 대한 역사적 기록은 모두 불명확하다. 둘째, 1951년 대일평화조약에는 일본이 포기한 한반도의 범위에 독도가 포함되어 있지 않다. 게다가 평화조약의 교섭 당시 한국의 독도 명기 요구에 대해 미국의 딘 러스크가 보낸 편지에 독도가 한국의 영토가 아니라고 명시됐다. 셋째, 1950년 미군정 각서 SCAPIN 2160 및 1952년 미일 행정협정에 의해 독도가 미군의 폭격연습장으로 지정된 것은 독도에 대한 미일 양국의 인식의 일치를 보여준다.[94]

이에 대한 한국의 주장은 다음과 같이 정리된다. 첫째, 독도는 역사적으로 과거부터 명백한 한국의 영토였으며, 그것은 안용복의 도일이나 일본 측 공식 문서에 의해서도 수차례 확인됐다. 둘째, 1900년 칙령 제41호에 의해 그러한 사실이 다시 확인됐으며, 따라서 일본의 1905년 영토편입 조치는 무주지를 대상으로 한 것이 아니므로 당연히 무효이다. 셋째, 카이로 선언부터 전후의 대일평화조약에 이르는 일련의 문서나 조치에 의하면, 독도가 한국 영토라는 것은 확실하다. 특히 한국은, 딘 러스크의 편지 내용과 달리, 2007년 7월에 발견된 국무부의 문서에 미국이 독도 문제에 대하여 신중한 입장을 취해야 한다고 기술된 점을 강조한다.[95]

이러한 양국의 독도에 대한 주장은 각자의 외교부 홈페이지에 일목요연하게 정리돼 있다. 독도 문제에 대한 논문이나 연구는 지금까지 많이 발표됐기 때문에, 여기서 복잡한 문제를 다시 논할 필요는 없을 것이다. 따라서 이하에서는 가장 핵심적인 자료와 문제를 중심으로 독도에 대한 우리의 정책적 입장을 재검토해보기로 한다.

17. 역사적 문서의 증거능력

세종실록 지리지와 대한제국 칙령 제41호

독도에 대한 한국의 역사적 기록은 적지 않다. 그러나 대부분의 기록은 독도가 울릉도와 함께 또는 울릉도의 속도로 기술돼 있는 것들이다. 시대적 맥락에서 독도의 가치를 생각해보면 당연한 일이다. 그 중에서 우리가 가장 주목해야 하는 사료는 1454년에 간행된 '세종실록 지리지'라 할 수 있다. 세종시대를 편년체로 기술한 실록의 지리지는 당시 조선의 영토 범위를 가늠할 수 있는 중요한 기록이다.

'세종실록 지리지'에는 다음과 같은 내용이 기술돼 있다. "우산과 무릉이라는 두 섬은 울진현의 정동향 바다 가운데 있는데, 거리가 서로 멀지 않아 날씨가 청명하면 바라볼 수 있다. 신라 때는 이를 우산국 또는 울릉도라고 칭했다(于山武陵二島 在縣正東海中 二島相去不遠 風日淸明 則可望見 新羅時稱 于山國 一云鬱陵島)."

한국은 여기서 우산이 독도를 가리키는 것이라고 해석한다. 일본은 우산이 독도를 가리키는 것이 아니고, 울릉도 근처에 있는 죽도를 말한다고 반박한다. 일본은 또한 '우산과 울릉은 원래 하나의 섬'(一說, 于山鬱陵本一島)이라는 1530년 '신증동국여지승람'의 내용을 근거로, 두 섬이 같은 섬이거나 가상의 섬이라고 주장하기도

울릉도, 죽도, 관음도의 위치

죽도 전망대에서 관음도를 가리키는 필자

한다. 그러나 울릉도 앞 2km 해상에 있는 죽도는 날씨나 시간에 상관없이 항상 보이기 때문에 일본의 주장은 타당하지 않다. '신증동국여지승람'의 내용도 울릉도의 속도로 독도를 이해하면 되기 때문에 일본의 주장은 설득력이 없다.

다만, 추후의 사료에 의해 우산이 독도라는 인식이 명확하게 입증되지는 않았다. 독도는 여러 고지도에 그 위치가 애매하게 표시되기도 했고, 우산도 외에 삼봉도, 자산도, 석도 등 여러 명칭으로 불리기도 했다. 물론 1770년 '동국문헌비고'나 1808년 '만기요람'처럼, 우산도가 일본이 말하는 송도로서 현재의 독도라는 내용이 기술된 기록도 있다.

이런 혼란을 종식시키기 위해, 고종은 1882년 4월 이규원을 울릉도 검찰사로 임명하여 죽도와 독도의 존재를 확인하라고 명했다. 그렇게 해서 고종은 1900년 10월 25일 '대한제국 칙령 제41호'로 독도가 한국의 영토임을 확인했다. 칙령은 울릉도를 울도군으로 개편하고, 그 관할구역은 울릉도, 죽도, 독도를 포함한다는 내용으로 구성됐다. 제2조는 '군청의 위치는 태하동(台霞洞)으로 정하고, 구역은 울릉전도(鬱陵全島)와 죽도(竹島), 석도(石島)를 관할할 것'이라고 규정하고 있다.

한국은 칙령의 '석도'가 독도라고 주장한다. 울릉도에서 독도를 독섬이라고 부른 것을 근거로 제시한다. 특히 '독'이 돌의 방언이므로 독섬이 돌섬이 되고, 이를 한자로 표시하면 '석도'가 된다는 것이다. 일본은 칙령의 '석도'는 독도가 아니라 울릉도의 동북쪽에 연접한 '관음도'라고 주장한다. 필자가 2014년 8월 울릉도를 방문했을 때 찍은 사진으로는 '관음도'가 돌섬으로 보이기도 한다.

그러나 '관음도'는 과거에 도항 또는 섬목이라고 불렸기 때문에, 일본의 주장은 맞지 않다. 심지어 일본은 가령 칙령의 '석도'가 독도라 하더라도, 한국은 1905년 이전 그에 대한 실효적 지배나 점유를 못했다고 주장하기도 한다. 어쨌든 이 칙령은 대한제국의 독도에 대한 영유권을 확인할 수 있는 중요한 사료다.

조선국교제시말내탐서와 태정관 지령

한국의 독도에 대한 영유권을 입증하는 기록은 일본 측에도 있다. 일본은 17세기부터 19세기 사이에 한국의 독도에 대한 영유권을 다음과 같이 집중적으로 인정했다.

첫째, 안용복의 두 번에 걸친 도일로 발생한 양국의 영토 갈등으로 일본의 독도에 대한 입장이 확인됐다. '울릉도 쟁계' 내지 '죽도일건'(竹島一件)이라 부르는 이 갈등은 1696년 막부의 울릉도 도해 금지와 울릉도에 대한 조선의 영유권 인정으로 귀결됐다.[96] 다만, 일본은 울릉도에 대한 일본인의 도해는 금지했지만, 독도에 대해서는 도해를 금지하지 않았다고 주장하고 있다.

둘째, 일본은 메이지(明治)유신의 성공 후 1869년에 한국에 대한 침략을 준비하기 위해 외무성의 관료 세 명을 한반도에 파견하여 실정을 조사하게 했다. 조사를 마친 관료의 보고서 '조선국교제시말내탐서'(朝鮮國交際始末內探書)에는 '다케시마(竹島: 울릉도)와 마쓰시마(松島: 독도)가 조선에 부속된 경위'(竹島松島朝鮮附屬ニ相

成候始末)라는 문서가 첨부됐는데, 그 문서에 울릉도와 독도가 일본의 영토가 아니라는 내용이 기술돼 있다.[97] 이 보고서는 일본의 관료가 직접 조선에 와서 작성했다는 점에 의의가 있다.

셋째, 근대화를 추진한 일본 정부는 폐번치현(廢藩置縣)을 달성하여 1876년에 지적편찬 작업을 단행했다. 당시 내무성은 시마네현에 다케시마에 대한 기록과 지도를 제출하도록 요청했다. 시마네현은 기죽도약도(磯竹島略圖)를 첨부하여 지적도에 '다케시마(竹島: 울릉도) 외 일도(一島)'를 일본의 영토로 등재할 것인지를 문의했다. 여기서 일도는 독도를 의미한다. 기죽도약도에 마쓰시마(松島: 독도)로부터 이소다케시마(磯竹島: 울릉도)의 거리가 40해리라고 분명히 나타나 있다.

내무성은 17세기 말 양국의 왕복 문서를 검토한 후, 울릉도와 독도가 조선의 영토이며 일본과 무관하다는 결론을 내렸다. 내무성은 1877년 3월 17일 '일본해 내 죽도외 일도 지적편찬에 대한 품의서'(日本海內竹島外一島地籍編纂方伺)를 최고 행정기관인 태정관(太政官)에 올렸다. 태정관은 3월 29일 울릉도와 독도가 일본과 전혀 관계없다는 취지의 지령을 하달했다. 이를 '태정관 지령'이라 하는데, 일본의 최고 행정기관이 공식적으로 독도에 대한 입장을 확인한 중요한 문서라 할 수 있다.[98]

다만, 일본은 이런 문서들이 독도에 대한 한국의 영유권을 적극적으로 인정한 것은 아니라고 주장한다. 일본은 독도가 일본과 무관한 도서라고 했기 때문에, 무주지였던 독도를 시마네현 고시로 편입한 것은 국제법상 정당하다고 주장한다. 수년 전부터는 일본의 영토인 독도를 시마네현 고시로 재확인했다는 주장도 하고 있다. 일본의 주장은 이렇게 일관성 없이 전개되기도 한다. 그러나 일본이 주요 국제판례를 인용하여 국제법적 근거를 제시하는 점은 우리도 주목해야 한다.

18. 국제법과 국제정치의 교차

관련 문서의 해석

이차대전의 종료 후 일본의 영토에 대한 처리에 직간접적으로 관계되거나 영향을 미친 문서로는, 첫째, 1943년 11월 27일의 카이로 선언, 둘째, 1945년 2월 1일의 얄타협정, 셋째, 1945년 7월 26일의 포츠담 선언이 있다. 이 중 카이로 선언은 포츠담 선언에 흡수되었고, 일본은 동년 9월 2일의 항복문서에 포츠담 선언의 조항에 대한 성실한 이행을 약속했다. 그러나 일본은 얄타협정은 일본의 항복 후 1946년 2월 11일에 공표된 것으로서, 미영소 삼국 정상 간의 비밀협정에 불과하다고 주장하고 있다.

이러한 문서 외에, 연합국의 일반적인 전쟁목적을 내세운 것으로서, 1941년 8월 14일 발표된 대서양헌장 및 다음 해 1월 1일의 연합국공동선언이 있다. 연합국은 이러한 문서 중에 영토불확대의 원칙과 민족자결의 원칙을 반복해서 기술하고 있다. 연합국은 이러한 선언이나 조약을 근거로 하여 평화조약 체결 이전에 과거 일본이 점령했던 영토에 대한 박탈 및 기타 조치를 강구했다. 이런 문서들은 전쟁에 승리한 연합국들의 공동 의사를 집약한 것으로서, 패전국의 영토에 대한 권리와 권원을 처분한 법적 근거가 되었다.[99]

연합국 최고사령부(GHQ/SCAP)가 취한 몇 가지 지령 내지 각서도 일본의 영토에 대한 중요한 정책을 나타내고 있다. SCAPIN 677과 SCAPIN 1033에는 각각 독도에 대한 일본 정부의 행정권 행사를 정지하고, 일본인은 독도의 12해리 이내에 가까이 가서는 안 된다고 규정되어 있다. 다만, GHQ의 각서는 점령 행정을 위한 것으로서, 일본의 영토를 최종적으로 처분하는 것이 아니라는 점이 본문에 명시되었다. 일본은 이러한 규정을 근거로 양 각서의 내용이 연합국의 영토정책을 나타내는 것은 아니라고 주장하고 있다.[100]

샌프란시스코 평화조약 제2조는 "일본은 한국의 독립을 승인하고, 제주도, 거문도 및 울릉도를 포함한 한국에 대한 모든 권리, 권원 및 청구권을 포기한다"라고 규정함으로써 독도에 관한 부분을 누락시켰다. 일본은 평화조약의 영토 규정에 의해 독도가 한국으로 반환되지 않았다고 주장하고 있다. 그러나 평화조약의 관련 규정은 한국의 대표적인 외곽 도서만 나타내고 있는 예시 규정이기 때문에, 일본의 주장은 설득력이 없다. 오히려 평화조약 제19조(d)

에 의해 일본은 미군정의 조치를 승인해야 할 의무가 있으므로 독도는 한국의 영토가 된다.[101]

샌프란시스코 평화조약의 초안이 작성되었을 때는 영토 관련 조문에 독도가 일본이 포기하는 영토로 분명히 포함되어 있었다. 즉, 1947년 3월 19일의 초안부터 1949년 11월 2일의 초안까지에는 대략, "일본은 한국을 위하여 한국과 제주도, 거문도, 울릉도, 독도를 포함한 한국의 모든 해안도서들에 대한 모든 권리와 권원을 포기한다"라는 내용이 명시되어 있었다. 그러나 일본의 집요한 로비로 1949년 12월 29일 초안부터는 독도가 일본령으로 규정되었다가 다시 모든 도서명이 삭제되는 등, 몇 차례 우여곡절을 거치면서 결국 최종 조약문에 독도가 언급되지 않게 되었다.[102]

어쨌든 샌프란시스코 평화조약은 연합국이 침략국이자 패전국인 일본에 대하여 전쟁책임을 총 정리한 조약이다. 따라서 조약의 체결 과정은 물론이고, 연합국이 어떤 영토 정책에 입각하여 그러한 합의를 이루었는지를 이해하여 조약을 해석해야 한다. 영토 문제에 대한 연합국의 전시 정책, 항복 조건 그리고 전후 일본에 대한 지배 과정에 나타나 있는 영토 문제에 대한 입장을 정확하게 이해하고 분석할 필요가 있다.

국제판례

영토 문제에 대한 국제법적 쟁점을 국제판례를 통해 간략하게 살펴보자. 분쟁이나 갈등이 있는 도서를 점유하고 있는 국가는 원칙적으로 그 영토에 대한 현상을 유지하는 것이 최선의 정책이다. 반면, 영토를 점유하지 못한 국가는 상대국에 대한 이의 제기나 항의를 통해 갈등을 확산시키는 것이 유리하다. 독도에 대한 한일 양국의 입장을 대입하면 정확하게 이해할 수 있다. 지금까지 많은 영토 분쟁은 그런 양상으로 전개됐다.

이는 도서의 영유권 분쟁에 대한 유명한 판례인 1928년 팔마스 섬(Island of Palmas) 사건을 통해서 확인할 수 있다. 미국과 네덜란드 사이의 이 사건에서 막스 후버(Max Huber) 중재재판관은, 네덜란드가 팔마스 섬에 '평화적이고 계속적인 국가 권한'을 행사했고, 이를 스페인이 묵인했으며, 미국도 그러한 묵인을 따랐다는 점을 강조했다.[103] 즉, 섬에 대한 발견은 미성숙한 권원에 불과하므로, 그 후의 실효적인 점유가 중요하다고 판시했다. 한국으로서는 일본의 항의를 무시하고, 평화적이고 계속적으로 독도를 점유하는 것이 관건이라는 것을 알 수 있다.

프랑스와 멕시코 사이의 1931년 클리퍼튼 섬(Island of Clipperton) 사건도 주목된다. 중재재판관은 이 섬이 무인도라는 점을 중시하여, 그에 대한 주권의 계속적 행사가 불분명하더라도 분명한 발견과 선언으로 프랑스의 영유권이 충분히 인정된다고 했다. 입증되지 않은 스페인의 이 섬에 대한 발견이나 멕시코의 주권 행사는 인정되지 않았다.[104] 울릉도의 속도(dependency)로서 독도의 지위를 인정한다면, 독도에 대한 발견이나 인식의 증거는 한국이 확보하고 있어서 일본보다 유리한 입장에 있다.

1953년의 멩끼에와 에끄레호(Minquiers and Ecrehos) 섬 사건은 영유권뿐 아니라 어업협정의 법적 성격에 대해서도 독도에 중요한 함의를 제공한다. 국제사법재판소(ICJ)는 프랑스의 왕들이 멩끼에와 에끄레호에 대하여 봉건적 권원을 시원적으로 가졌을 수도 있지만, 역사적 사건들은 법적인 정당성을 갖지 못한다고 평가했다. 재판소는 국가의 행정권이 행사된 19세기 말부터의 증거를 중시하여, 영국의 이 섬들에 대한 영유권을 인정했다.[105]

일본은 1905년 이후 독도를 실효적으로 지배했기 때문에 한국보다 유리하다고 주장한다. 반면, 한국은 일본이 독도를 무주지라고 주장했으며, 1905년 이전 행정권이 아닌 사냥이나 어업면허를 일본인에게 허가했기 때문에 영국의 이 도서에 대한 행정권 행사와는 다르다고 주장한다. 이 사건에서 멩끼에가 채널제도에 속한 저지(Jersey)와 건지(Guernsey)의 속도였다는 점이 강조된 것은 한국에 유리하다. 한국도 울릉도의 속도로서 독도의 지위를 강조하고 있기 때문이다. 한국이 제시하는 역사적 증거는 대부분 그런 맥락에서 이해해야 한다.

1933년 노르웨이와 덴마크 사이의 동부 그린란드(Eastern Green-land) 사건도 독도 문제에 참고가 된다. 상설국제사법재판소(PCIJ)는 인구가 희박하거나 인간의 정주가 불가능한 지역은 경미한 주권의 행사만으로 실효적 지배가 성립한다고 판단했다.[106] 따라서 상대적 지배 내지 권원의 우세를 근거로 이곳에 대한 덴마크의 영유권을 인정했다. 1905년 이전 독도에 대한 한국의 권원도 일본에 비해 우세하기 때문에, 이 판례는 한국에 유리하게 해석될 수 있다.

그 외에, 2002년 인도네시아와 말레이시아 사이의 리기탄과 시파단 섬(Pulau Ligitan and Pulau Sipadan) 사건, 2008년 페드라 브랑카(Pedra Branka) 사건 등 최근의 케이스도 있다.[107] 이러한 사건은 효율적인 국가의 관할권이나 권원의 행사 또는 주권자로서의 국가행위, 상대국의 묵인의 효과 등 도서의 영유권에 대한 중요한 국제법적 논리를 제공한다. 또한 2001년 카타르와 바레인 간의 사건, 2007년 니카라과와 온두라스 간의 사건처럼 해양경계와 도서의 영유권이 같이 다루어진 케이스도 있다.

이런 국제판례를 통한 독도 문제에의 시사점과 함의는 다음과 같이 정리할 수 있다. 첫째, 모든 케이스는 서로 독립적이고 별개인 상황과 조건하에 발생했다. 따라서 독도 문제에 대한 국제판례의 일률적인 적용이나 해석은 불가능하다. 둘째, 영토 분쟁의 당사국은 자국에 유리한 모든 자료를 제시하고, 관련되는 국제법적 논리를 주장한다. 그들은 불리한 증거와 자료는 무시하기 때문에 선택적 편견(selection bias)에 빠지기 쉽다. 셋째, 영토 문제를 중재나 사법절차를 통해 해결하려는 국가는 엄청난 정치적 부담을 감수해야 한다. 승소국과 패소국의 지위가 명확하게 갈리기 때문에 현실적으로 그런 위험을 감수하기는 쉽지 않다.

독도 문제의 해결

한국은 고유의 영토인 독도에 대한 분쟁 자체가 없다고 주장한다. 일본은 독도에 대한 분쟁이 존재한다고 주장한다. 그러나 국제 사회에서 특정 문제에 대한 분쟁의 존재 여부가 일방의 주장만으로 결정되는 것은 아니다. 따라서 분쟁이 없다는 한국의 입장은 대외적으로 설득력을 갖는지에 대한 논란이 있다.

상설국제사법재판소는 1924년 마브로마티스 팔레스타인 양허 (Mavrommatis Palestine Concessions) 사건에서 분쟁을 '법적 관점이나 사실에 대한 이견 내지 양자 간의 법적 견해나 이해의 대립'이라고 정의했다. 국제사법재판소는 1962년 남서아프리카(South West Africa) 사건의 선결적 항변 판결에서, "단순한 분쟁의 존재 주장이 그런 분쟁의 존재를 입증하지 않는 것과 마찬가지로, 단순한 분쟁의 부재 주장도 그런 분쟁의 부재를 입증하는 것이 아니다. 일방 당사국의 주장에 대해 타방 당사국이 적극적으로 반대하면 분쟁은 존재한다"고 판시했다.[108]

독도에 대한 분쟁의 존재를 부정하는 한국의 입장을 제삼국이 납득하기는 힘들다. 즉, 독도가 국제사회에서 영토 분쟁의 대상으로 인식되고 있다는 것은 부인할 수 없는 사실이다. 실제로 한일 양국은 1999년에 배타적 경제수역의 경계획정 대신 독도가 양측의 중간수역에 들어가는 새로운 어업협정을 체결했다. 당시 어업협정의 체결은 논란이 됐지만, 그것은 영유권이 아닌 어업 문제를 해결한 것이었다. 즉, 양국의 갈등을 일단 봉합하고, 독도의 현상을 그대로 유지한 것이라 할 수 있다.

이런 사정을 고려하면, 독도가 법적 분쟁의 대상이 아닐 수는 있어도, 정치적 갈등 내지 긴장의 대상인 것은 분명하다. 한스 몰겐소(Hans Morgenthau)는 국제사회에 두 가지 종류의 갈등이 존재한다고 했다. 법적인 주장이나 청구라는 형태로 표시될 수 있는 분쟁(disputes)과, 법적 권리와 의무의 전환으로 그렇게 표현될 수 없는 긴장(tensions)이 그러한 갈등이 된다. 독도에 대한 갈등이나 분쟁의 존재 여부도 그런 맥락에서 이해해야 한다.[109]

이제 독도 문제의 해결이라는 점을 생각해보자. 국가 간의 분쟁은 무력의 사용이 아니면 외교적 협상이나 평화적 방식에 의해 해결할 수밖에 없다. 그러나 독도 문제가 그런 방식으로 해결되기 힘들다는 것은 명백하다. 그렇다면 어떻게 해야 하는가? 한국은 독도에 대한 현상유지(status quo) 상태가 지속되게 하는 것이 최선이다. 독도에 대한 현상유지의 파괴는 한국에 득보다 실이 많다.

일본의 입장은 독도에 대한 분쟁의 존재를 확인하고, 한국을 설득하여 국제재판으로 문제를 해결하자는 것이다. 일본은 이런 전략적 목표를 달성하기 위해 독도 문제의 법적·정치적 측면을 잘 이용하고 있다. 구체적으로, 일본은 자국이 점유하고 있는 센카쿠열도(尖閣列島)는 중국의 주장을 무시하되, 독도에 대해서는 한국에 끊임없이 이의를 제기한다는 정책을 취하고 있다.[110] 우리는 일본의 입장을 역지사지로 이해해야 한다.

한국에서 독도 문제는 반일 민족주의나 국수주의와 연관돼 있다. 그것은 언제든지 폭발할 수 있는 잠재적 폭탄이다. 한국 정부가 '조용한 외교'로 독도의 분쟁을 억제하려고 하면, 여론이 가만히 있지 않는다. 그렇다고 독도 문제를 적극적으로 홍보하면, 분쟁이 부각되어 오히려 일본의 페이스에 말려든다. 그렇게 독도 문제는 우리에게 '**진퇴양난의 딜레마**'가 되어 버렸다.

이제는 독도 문제에 대한 열기를 식힐 필요가 있다. 정치인과 시민단체는 독도에 대한 선동으로 여론을 호도해서는 안 된다. 한국은 일본의 노회한 전략에 말려들지 말고, 독도 문제의 역사와 법적·정치적 측면을 살펴보고 냉정하게 접근해야 한다. 독도 문제의 진실은 복잡하지 않다. **민족감정과 정치적 시각을 배제하고 독도에 대한 현상유지를 지속하면 된다.**

제 7 장
국가책임

제 7 장 국가책임

주권 국가들로 구성된 국제사회는 현실적으로 다양성과 불평등성을 가질 수밖에 없다. 강대국들은 제국주의 시대에 약소국을 식민지로 지배한 데 대한 책임 문제를 해결하지 않았다. 강대국들은 식민지를 문명화·근대화시킨다는 논리로 국제법을 차별적으로 적용했다. 일본의 한국 지배도 유사한 과정을 거쳤고, 책임 문제도 그렇게 미해결됐다. 일본군은 태평양전쟁에서 포로학대, 즉결처분, 학살 등 심각한 전쟁범죄를 저질렀지만, 도쿄재판에서 그 책임이 철저히 규명되지 않았다. 불완전하게 과거를 청산한 일본은 1980년대부터 한국과 아시아 각국에 침략전쟁과 식민지 지배에 대해 여러 번 사과했다. 2015년 8월 아베 총리는 더 이상 과거사에 대해 사과하지 않겠다고 선언했다. 우리는 일본 국민이 포츠머스조약에 반대하여 일으킨 히비야(日比谷) 폭동 사건을 반면교사로 하여, 1965년 합의와 일본의 사과를 이해할 필요가 있다.

19. 국제사회와 국가의 책임

주권평등의 원칙

국가는 주권(sovereignty)이라는 최고의 법적 권위를 대외적으로 갖는 영역적 실체다. 국가를 지배하는 상위의 정치 조직은 국제사회에 존재하지 않는다. 국제사회는 현재 그런 의미에서 주권을 갖는 200개의 국가들로 구성돼 있다. 국가들은 이렇게 국제법적으로 서로 대등한 지위를 갖는데, 이를 '주권평등(sovereign equality)의 원칙'이라고 한다.[111]

그러나 현실의 국제사회에서 국가들은 평등하거나 대등하지 않다. 인구나 지리적 범위는 물론, 군사력이나 경제 규모의 차이, 문화적 역량에 따라 국가들은 다양한 형태로 존재한다. 다만, 주권평등이라는 국제법적 명분하에 국가들의 형식적 상호 관계가 그렇게 정립돼 있을 뿐이다. 유엔헌장에 이 원칙이 명시돼 있지만, 안전보장이사회의 상임이사국 제도는 강대국의 우월적 지위를 그대로 반영한다. 일부 국제기구에서의 가중치 투표제도도 마찬가지다.[112]

국제사회는 이런 다양성과 불평등성을 본질적인 특징으로 한다. 이런 불평등 체제는 근대 유럽의 성립에서 비롯한다. 국제법의 역사에서 보면, 국가 간 차별적 구조의 시작은 1648년 '베스트팔렌조약'이 된다. 즉, 30년 종교전쟁 후 유럽에서 주권국가 체제가 출범했고, 산업혁명에 성공한 유럽 열강이 아시아나 아프리카, 중남미를 침략하고 지배함으로써 그런 구조가 뿌리내린 것이다.[113]

일본은 유럽 열강이 아닌 국가로서 제국주의 침략에 나선 유일한 예외다. 일본은 늦게 근대화에 성공하여 아시아를 침략했다는 점에서 매우 독특하다. 일본은 미국의 페리 제독이 이끈 흑선(黑船)

에 의해 1854년 미일화친조약을 체결했다. 조선은 일본과 1876년 병자수호조규(강화도조약)를 체결하여 일본처럼 쇄국정책을 철폐했다. 그러나 일본은 1898년 이전에 구미 각국과의 불평등조약을 모두 개정했고, 조선은 그렇게 하지 못했다. 조선은 결국 일본의 식민지가 됐다.

한국과 일본의 운명은 19세기 말에 그렇게 갈렸다. 당시 조선은 일본에 비해 인구도 적고 국토도 좁았다. 경제력에서도 차이가 있었다. 무엇보다도 일본은 근대화를 달성했지만, 조선은 그렇게 하지 못했다. 일본은 쇄국 중에도 네덜란드와의 교류를 계속했고, 개국 후에는 서구의 문물을 신속하게 수용했다. 그러나 조선은 서양과의 직접적인 교류도 못하고 있었다. 그런 차이가 양국의 근대사를 결정지었다.

이차대전 후 국제사회의 구조는 신생국들의 독립으로 크게 변했다. 그러나 선진국과 개도국 또는 강대국과 약소국의 차별적 구조는 변하지 않았다. 한국도 독립 후 오랫동안 약소국이자 개도국이었다. 한국은 식민지 지배와 분단, 전쟁을 거치면서 힘겹게 생존해왔다. 그러나 한국은 세계 10위의 경제 강국이 됐다. 식민지 지배에서 벗어나 이 정도의 경제력을 갖게 된 국가는 한국과 인도뿐이다. 인구 규모를 감안하면, 한국의 경제발전이 단연 주목된다. 이제 한국은 그런 경제적 위상에 맞는 대외 정책을 펴지 않으면 안 된다.

식민지 지배의 책임

국제정치라는 거시적 시각에서 한일관계를 정리해보자. 한국은 근대화에 실패하여 일본의 침략에 희생됐다. 그러나 지금은 당시와 사정이 다르다. 침략과 정복이 허용되던 당시의 상황을 오늘날 그대로 적용할 수는 없다. 현재 한국의 국력은 일본에 병합당한 20세기 초와 비교할 바가 아니다. 한국의 국민총생산은 일본의 3분의 1이지만, 1인당 GDP 순위는 크게 차이나지도 않는다.

식민지 지배에 대한 책임 문제도 그런 맥락에서 봐야 한다. 이차대전에서 승리한 연합국은 자국의 식민지 때문에 그에 대한 책임 문제를 분명히 하지 않았다. 더구나 한국의 임시정부는 강대국들의 승인을 받지 못했고, 미국이 볼 때 한국의 독립군 규모는 대단하지 않았다. 그런 상황에서, 미국 덕분에 독립한 한국은 일본에 식민지 지배의 책임을 제대로 물을 수가 없었다. 그것이 당시 국제정치의 현실이었다.

국제사회에서 책임은 법적인 책임과 정치적·도덕적 책임으로 크게 나눌 수 있다. 국제법상 책임은 국내법에서의 책임과 다르다. 국내적으로는 피해자가 상대방에게 민사책임, 형사책임, 국가배상 책임 등 다양하게 책임을 물을 수 있다. 그러나 국제법에서의 책임은 국가책임(state responsibility)으로 통합적으로 접근할 수밖에 없다. 물론 최근의 국제형사법상 집단살해죄, 반인도적 범죄, 전쟁범

죄, 침략범죄의 경우처럼 개인에게 국제법적 책임을 귀속시킬 수도 있지만, 그것은 예외적이다.[114]

국가책임은 국가의 국제위법행위에 대한 책임을 말한다. 국제사회는 국내사회처럼 조직적이지 않기 때문에 국가책임은 국내법상 민사책임의 성격이 강하다. 국가의 국제범죄에 대한 책임 문제는 많은 논란이 있었지만 국제법적 합의를 이루지 못했다. 따라서 현재 국제법상 국가책임 제도는 아직 미완의 단계에 있다. 그런 이유로, 현실주의 국제정치에서는 주권국가가 공존하는 무정부 상태에서 국가들은 자력구제를 중시할 수밖에 없다고 주장한다.[115]

분권적 국제사회에서 국가책임이 성립하기 위해서는 국제의무에 대한 위반행위가 있어야 하고, 그 행위가 국가에 귀속돼야 한다. 그리고 그 책임은 원상회복, 금전배상, 만족의 형태로 이행된다. 여기서 만족이라는 것은 위반사실의 인정, 유감의 표명, 공식적 사과 등을 포함한다. 위안부와 같은 특수한 반인도적 문제는 국가책임 이론에 비추어 생각할 수 있다. 일본은 이 문제에 대한 국가의 관여를 인정하고, 공식적으로 사죄했다. 실질적인 배상도 했다.

그러나 식민지 지배 전체에 대한 책임과 사과 문제를 국제법상 국가책임 이론으로 분석하는 것은 적절하지 않다. 국제법상 국가책임론의 근거가 되는 '국가책임 초안'(Draft Articles on the Responsibility of States)은 2001년에 비로소 유엔에 제출됐다. 그것은 명칭에서 알 수 있듯이 조약도 아니며, 침략이나 식민지 지배 같은

역사적 문제를 다룬 것도 아니다.[116]

따라서 일본의 한국 지배에 대한 책임과 사과 문제는 국제정치와 역사적 맥락에서 판단하지 않으면 안 된다. 그것은 제국주의 시대의 침략이라는 역사적 문제로 인식해야 한다. 독일도 침략전쟁과 유태인 학살에 대해 법적 책임이 아닌 정치적·도덕적·역사적 책임을 인정했다. 결국 이 문제는 한국의 독립과 대일평화조약의 체결 과정, 한일 간의 국교 정상화를 둘러싼 진통과 함께 생각해야 한다.

20. 강대국의 식민지 인식

식민지의 독립

강대국들이 식민지 지배의 책임을 인정하지 않는 이유를 살펴보자. **근대화에 성공한 서구 열강은 '유럽 중심주의'와 '기독교적 세계관'으로 제국주의 침략을 합리화했다.** 그들의 논리는 유럽은 문명 지역이고, 비유럽 지역은 그렇지 않다는 전제에 입각해 있었다. 따라서 유럽의 강대국들은 비유럽 지역의 야만인을 교화해야 할 의무가 있다고 생각했다. 야만에 대한 계몽은 종교적 신념이었다.

문명과 야만이라는 이분법적 사고의 배경에는 기독교 외에 백인 우월주의(white supremacy)가 있었다. 유럽인들의 인종적 편견은 '백인의 책무'(white man's burden), '명백한 운명'(manifest destiny) 또는 '문명화의 임무'(mission civilisatrice)라는 슬로건으로 나타났다. 키플링(Rudyard Kipling)이 쓴 시의 제목인 '백인의 책무'는 서구의 식민지 지배를, '명백한 운명'은 미국의 서부 개척을, 그리고 '문명화의 임무'는 프랑스와 포르투갈의 아프리카 침략을 위한 명분이 됐다. 이렇게 비유럽 지역에 대한 유럽 강대국의 침략은 근대화와 문명화라는 명분으로 정당화됐다.[117]

서구 열강은 이런 과정을 통해 그들만의 국제법을 발전시켰다. '베스트팔렌조약' 체제의 출범으로 국제법은 유럽 국가들의 공법으로 자리잡았다. 그리고 유럽의 팽창과 함께 국제법도 세계적으로 확산했다. 그러나 비유럽 지역의 국가나 정치적 조직은 국제법상 주체로서 승인을 받지 못했다. 서구 열강은 비유럽 지역을 식민지화하면서 조약을 차별적으로 적용했다. 그렇게 국제법은 그들의 식민지 지배를 합리화하는 이론적 도구가 됐다.

식민지 지배를 받던 국가나 조직은 이차대전 후 대부분 독립했다. 탈식민지화의 과정에서 일부 지역은 국제연맹의 위임통치나 유엔의 신탁통치를 받기도 했지만, 지금은 식민지는 물론 위임통치나 신탁통치도 모두 과거의 유산이 됐다. 신생국의 독립은 식민지 독립부여선언이나 민족자결의 원칙에 의해 국제법적으로 뒷받침됐다. 문명과 야만으로 나뉘던 제국주의 시대의 차별적 국제법은 비로소 평등하고 보편적인 가치를 지향하는 형태로 바뀌

었다.[118]

강대국들은 이와 같이 비유럽 지역에 대한 지배를 침략이 아닌 문명사회로의 진보를 위한 과정으로 인식했다. 그런 인식의 연장선에서, 이차대전 후 근대화 이론(modernization theory)이 발전하기도 했다. 그것은 서구적 가치와 문화의 확산을 통해 개도국이나 저개발국의 빈곤을 극복하자는 것이었다. 그러나 이에 대한 반론도 다양하게 제기되어, 이제는 근대화 이론 자체가 국제적으로 주목받지 못하는 실정이다.

그런데 한국에서는 일제 강점기의 성격에 대한 논란이 과거사 문제와 함께 여전히 맹위를 떨치고 있다. '내재적 발전론' 내지 '수탈론'에 대항하는 '식민지 근대화론'이 1990년대부터 주목받으면서, 양자는 치열하게 대립해왔다. 앞서 밝힌 것처럼, 나는 전공이 아닌 분야에 대한 논란은 관심이 없다. 다만, 반일이라면 무조건 열광하고 친일에 극도로 흥분하는 한국 사회의 분위기로, 일본에 대한 판단이 왜곡된다는 점은 우려한다. 어쨌든 강대국의 식민지 지배에 대한 책임이 이행되지 않는 이면에는 이런 역사적 배경이 있다.

일본의 대륙 침략

1894년 청일전쟁에서 승리한 일본은 조선에 대한 영향력을 확보하고, 아시아의 강자로 부상했다. 그러나 일본은 독일, 프랑스,

러일전쟁 직전 조선의 처지를 묘사한 영국 잡지(Punch)의 삽화(1904.2.3)

러시아 3국의 간섭으로 요동반도를 반환해야 했다. 러시아의 조선에 대한 영향력은 커졌다. 절치부심한 일본은 1904년 러일전쟁의 승리로 대륙 침략을 본격화했다. 동아시아의 소국 일본이 러일전쟁에서 승리한 것은 유럽에 큰 충격이었다. 그것은 칭기즈 칸의 유럽 침공 이후 동양의 서양에 대한 첫 승리였다.

일본은 러일전쟁 이후 조선의 병합, 시베리아 출병, 만주사변, 5·15사건, 2·26쿠데타, 중일전쟁을 통해 군부 파쇼 체제를 확립했다. 일본은 그렇게 브레이크 없는 기관차가 되어 대미 개전을 향해 폭주했다. 시바 료타로(司馬遼太朗)는 광신적 군부가 이끌고 우중이 지지한 일본을 다음과 같이 '술에 취해 말을 타고 달리는 여우'에 비유했다. 패망을 향해 달리는 일본을 이렇게 적절하게 표현한 문장도 달리 없다.

"일본이 정상적인 국가였던 것은 러일전쟁 때까지였다. 그후, 특히 1918년 시베리아 출병 때부터는 술에 취해 말을 타고 달리는 여우와 같은 나라가 됐다. 태평양전쟁의 패전으로 여우의 환상은 무너졌다."[119]

일본이 침략전쟁을 수행하는 과정에서 '유럽 중심주의'와 '백인 우월주의'를 반대한 점은 주목된다. '대동아공영권'(大東亞共榮圈) 주장이나 '팔굉일우'(八紘一宇)와 같은 구호가 대표적 실례가 된다. 그러나 그것은 식민지 지배를 받던 아시아 민족의 해방을 위한 것이 아니었다. 그것은 구미 세력을 아시아에서 축출하여 일본의 침략전쟁을 합리화하자는 목적으로 주장됐다.

대동아공영권 주장은 동아시아의 모든 국가가 함께 번영한다는 논리를 명분으로 했다. 일본 외에 만주국, 중국, 인도, 필리핀, 베트남, 태국, 말레이시아, 보르네오, 버마 등 일본의 세력 범위 내에 있는 국가들이 공동의 정치적·경제적 공동체를 결성하도록 했다. 1943년 11월 도쿄에서 열린 대동아회의에서 대동아공동선언이 선포되기도 했다.

팔굉일우는 전 세계가 천황을 정점으로 하는 하나의 지붕 아래 있어야 한다는 뜻이다. 1940년 8월 일본의 기본국책요강(基本国策

要綱)에 처음 등장했다. 이는 일본의 침략전쟁을 합리화하는 천황제 파시즘의 핵심 사상이 됐다. 그러나 일본의 패전으로 이런 슬로건은 허무하게 끝났다.

일본이 침략전쟁과 식민지 지배의 책임을 소홀히 한 것도 이런 사정 때문이다. 일본은 한국을 '침략'한 것이 아니고, 근대화를 위해 부득이하게 '진출'했을 뿐이라고 주장하기도 했다. 중국에 대해서도 마찬가지다. 이렇게 아시아를 지배한 강대국으로서 일본의 자부심과 착각이 얽혀서, 식민지의 근대화와 문명화라는 신화가 만들어졌다.

21. 전쟁책임

일본군의 잔학행위

전쟁책임은 전쟁의 종료 후 평화조약(강화조약)의 체결로 완성된다. 전쟁의 승패가 분명하게 나면, 패전국은 배상과 책임자의 처벌로 전쟁책임을 마무리한다. 그러나 일본은 냉전이라는 국제정치적 상황의 전개로 전쟁책임을 완수하지 않았다. 태평양전쟁은 일본이 일으킨 침략전쟁이었다. 그러나 그에 대한 책임이 관대하게 처리됨으로써 전후에 많은 문제가 발생했다.

일본은 전술한 것처럼 개전조약의 당사국이었지만 선전포고 없이 진주만을 기습 공격했다. 일본군은 전쟁 중 포로에 대한 잔인한 학대, 고문, 즉결처분, 학살 등 수많은 국제인도법 위반행위를 자행했다. 일본군은 1942년 필리핀의 바탄반도에서 포로 3만 명을 아사시켰고, 팔라완 섬에서 140명의 미군을 화형에 처했다. 오가사와라(小笠原)제도의 치치지마(父島)에서는 미군을 살해하여 인육을 먹는 엽기적 만행을 저질렀다.[120]

당시 20세였던 조지 부시 대통령도 이 사건에 연루됐다. 그는 1944년 9월 치치지마 공습에 나섰다가 전투기가 격추되어 겨우 탈출했다. 그는 미군 전투기와 일본 함정의 교전 속에서 2시간 이상 해상을 표류했다. 그는 미군 잠수함에 의해 구조됐는데, 그때 일본군에 생포됐다면 식인 만행의 희생자가 됐을 것이다. 그는 1989년 1월 천황의 장례식에 대통령으로 참석하여, "이제야 일본을 용서할 마음이 생겼다"고 했다.[121]

일본의 패전 후 전쟁 지도자들은 전범으로 처벌됐다. A급 전범 25명은 극동국제군사재판(도쿄재판)에서 유죄 판결을 받고 사형이나 금고형에 처해졌다. B급이나 C급 전범은 세계 각지의 군사법정에서 재판을 받고 처벌됐다. 그러나 도쿄재판에서 일본에 대한 전쟁책임은 철저하게 추궁되지 않았다. 미국이 일본의 통치를 위해 정치적인 판단을 했기 때문에 일부 문제가 남았다.

가장 큰 문제는 일본의 식민지 지배에 대한 책임이 규명되지 않았다는 것이다. 도쿄재판에서 식민지 문제는 기소장 제1차 초안에 들어가 있었다. 특히 전쟁범죄와 인도에 대한 죄의 항목에서 일본의 한국에 대한 지배 문제가 명시돼 있었다. 그러나 도쿄재판에 참가한 연합국도 식민지가 있어서 이 내용은 결국 누락됐다. 이 문제는 대일평화조약에서도 다루어지지 못해서 오늘날까지 후유증을 남겼다. 전쟁에서 아시아의 인명 피해가 2천만 명이나 됐지만, 연합국은 정치적으로 그런 결정을 내렸다.

군의 통수권자인 천황의 전쟁책임을 묻지 않은 것도 논란이 됐다. 맥아더는 효율적인 전후 통치를 원했고, 일본은 천황제를 지키려고 했기 때문에 천황은 처벌되지 않았다. 1946년 1월 1일 히로히토는 연합국 사령부의 지시로 신격(神格)을 부정하는 인간선언을 했다. 그러나 그는 전후 일본의 정치적 상징으로 자리잡았고, 많은 전범들도 정치의 주역으로 등장하여 문제가 복잡해졌다. 일본 국민들은 천황의 면책과 전범의 부활을 보면서 전후 정치 체제를 받아들였다.

이런 사정으로, 일본은 국제적으로도 전후 청산을 완결하지 못했다. 일본은 아시아 각국과 대일평화조약 또는 개별 조약을 체결하여 과거를 청산했다. 그러나 대부분 침략에 대한 사죄나 식민지 지배에 대한 반성을 제대로 처리하지 못했다. 특히 한국과 일본이 체결한 기본관계조약에는 침략과 지배의 사실조차 언급되지 않음으로써 많은 문제를 남겼다. 이는 결국 천황과 전쟁의 책임자에 대한 처벌과 역사적 평가가 제대로 이루어지지 않은 탓이라고 할 수 있다.

사과의 반복

일본은 불완전한 전후 청산으로 많은 비난을 받았다. 전쟁책임은 냉전의 심화라는 시대적 상황으로 관대한 강화로 마무리됐지만, 식민지 지배나 반인도적 행위에 대한 책임은 그렇지 않았다. 특히 오랫동안 일본의 지배를 받은 한국에 대한 전후 처리가 계속 논란이 됐다. 지금까지 살펴본 것처럼, 그것은 애매한 국교 정상화의 당연한 귀결이었다.

그러나 일본은 위안부 문제 외에 식민지 지배에 대해서도 여러 차례 한국과 아시아 각국에 사죄했다. 1983년 1월 나카소네 야스히로(中曾根康弘) 총리의 방한에 이어, 1984년 9월 전두환 대통령의 방일 시 히로히토 천황과 나카소네 총리가 과거사에 대해 유감을 표명했다. 1990년 5월 노태우 대통령이 방일했을 때, 천황은 한국인의 고통에 대해 통석(痛惜)의 염을 금할 수 없다고 사과했다.[122] 이어서 가이후 도시키(海部俊樹) 총리도 사과했다.

1990년대에도 사과는 계속됐다. 1993년 8월 호소카와 모리히로(細川護熙) 총리는 과거의 침략전쟁에 대해 아시아 각국에 깊은 사과와 반성을 표한다고 했고, 그해 11월 한국에 대한 일본의 침략과 창씨개명, 강제징용, 위안부 문제 등 식민지 통치에 대해 반성하고 사죄한다는 입장을 밝혔다. 1995년 8월 무라야마 도미이치(村山富市) 총리는 일본의 전쟁과 식민 통치로 고통을 받은 각국에 진심으로 사죄한다고 했다.[123] 1998년 10월 아키히토 천황은 일본이 한 반도에 큰 고통을 준 데 대해 깊은 슬픔을 갖는다고 했고, 오부치 게이조(小淵惠三) 총리는 식민지 지배로 한국 국민이 받은 손해와 고통에 대해 통절하게 반성하고 진심으로 사죄한다고 했다.[124]

2001년 10월 방한한 고이즈미 준이치로(小泉純一郎) 총리는 일 본이 한국 국민에게 준 다대한 손해와 고통에 대해 진심으로 반성 하고 사죄한다고 했다. 2006년 10월 아베 총리는 식민지 지배와 침 략으로 아시아 각국에 준 고통과 손해에 대해 통절하게 반성하고 사죄한다고 했다. 2009년 10월 하토야마 유키오(鳩山由紀夫) 총리 는 무라야마 담화를 계승한다고 했다. 2010년 8월 간 나오토(菅直 人) 총리는 특히 한일병합 100년의 시점에 한국에 대한 일본의 식민 지 지배로 인한 아픔과 손해에 대해 진심으로 사죄한다고 했다.[125]

그리고 2015년 8월 14일, 아베 신조(安倍晋三) 총리는 "일본은 태평양전쟁에 대해 통절한 반성과 진심의 사죄를 반복적으로 했으 며, 그 전쟁과 아무런 관련이 없는, 인구의 8할을 넘긴 전후세대에 사죄의 계속이라는 숙명을 남길 수 없다"는 담화를 발표했다.[126] 아베 총리는 두 번에 걸친 재임 중 공식적으로 20회 정도 과거사에 대해 사과했다.

이렇게 해서 일본 정치인의 사과는 마무리됐다. **그들은 수십 년 간 말로 할 수 있는 사과는 다했다.** 이제는 '통절한 반성과 진심의 사죄'라는 상투적인 표현의 사과를 더 받는다고 해서 달라지는 것

도 없다. 일본어로 '키마리몽쿠'(決まり文句)라고 하는 상투어는 '하나마나한 이야기', '틀에 박힌 말'이라는 뜻을 포함한다.

일본은 대일평화조약의 체결 후 필리핀, 인도네시아, 미얀마, 베트남 등과 양자조약을 체결하여 금전적 배상을 마무리했다. 일본은 버마에 1954년 평화조약 및 배상협정으로 2억 달러를, 필리핀에 1956년 배상협정으로 5억5천만 달러를 각각 제공했다. 인도네시아와 베트남에도 1958년과 1959년의 배상협정으로 2억3천만 달러와 4천만 달러를 각각 지급했다. 한국에 대해서는 청구권협정을 체결하여 무상 3억 달러와 유상 2억 달러를 제공했다.[127]

한국과 동남아 국가들이 받은 금액에 큰 차이가 없다는 점이 문제로 지적되기도 한다. 그러나 전쟁의 피해를 입은 국가들과 식민지였던 한국을 일률적으로 비교하는 것도 자연스럽지는 않다. 무엇보다도 동남아 각국은 미국, 영국, 프랑스의 식민지였다는 사실을 감안하고 이 문제를 생각해야 한다. 한국은 일본에서 분리된 지역이고, 동남아는 연합국이 탈환한 지역이었다. 일본의 전쟁책임과 전후처리 문제는 이런 역사적·정치적 배경을 고려하여 판단해야 한다.

히비야(日比谷) 폭동 사건

러일전쟁 직후, 일본 국민들이 일본 정부에 대해 일으킨 '히비야 폭동 사건'은 우리에게 많은 것을 생각하게 한다. 1905년 9월 5일, 일본 국민들은 러일 양국이 체결한 포츠머스조약에 불만을 품고 히비야공원에서 대규모 규탄대회를 열었다. 일본은 전쟁에서 승리했지만, 배상금을 받지 못했다. 한국에 대한 일본의 지배권 인정, 남부 사할린의 할양, 여순·대련의 조차권, 남만주철도의 부설권은 일본 국민이 생각하는 전리품의 수준에 한참 모자랐다.[128]

비분강개한 3만 명의 군중은 폭동을 일으켜 경찰과 대 난투극을 벌였다. 도쿄의 경찰서, 파출소 등 2백 여 곳의 공공시설과 16대의 전차가 불탔다. 군중은 내무대신의 관저, 국민신문사 사옥, 미국 공사관, 교회도 습격했다. 일본 정부는 계엄령을 선포하여 겨우 사태를 진압했다. 이 폭동으로 17명이 사망하고 5백 명 이상이 부상했으며, 2천 명 이상이 검거됐다.[129]

미국 공사관과 교회에 대한 습격은 러일 양국을 중개한 시오도어 루스벨트(Theodore Roosevelt) 대통령에 대한 불만 때문이었다. 성난 군중은 미국인 목사에게도 테러를 가했다. 이 때문에 미일관계는 급격히 악화됐고, 미국에서 일본인의 이민에 대한 배척운동이 일어났다. 미국의 배일운동은 인종차별과 맞물려서 나중에 캐나다와 호주로까지 확산됐다.

국민신문사는 도쿠토미 소호(德富蘇峰) 주필의 포츠머스조약에 대한 찬성 때문에 공격받았다. 그는 언론인 중에서 유일하게 조약에 찬성했다. 그는 일본이 이 조약으로 충분히 권익을 확보했다고 주장했다. 그의 주장은 다른 신문사나 도쿄대학 교수 7인의 선동과 정반대였다. 그렇게 해서 국민신문사 사옥은 완전히 파괴됐다.

폭동의 후유증은 컸다. 가쓰라 타로(桂太郎) 내각은 사퇴하고, 군부의 영향력이 커졌다. 가쓰라 총리는 7월 29일 미국의 윌리엄 태프트(William Howard Taft) 육군장관과 태프트 · 가쓰라 밀약(Taft Katsura Memorandum)을 맺어 한국에 대한 일본의 지배권을 인정받고 있었다. 그는 1908년 다시 총리로 복귀하여 한국을 무력으로 병합했다. **국제정치적 상황을 이해하지 못한 '우중'(愚衆)의 난동은 그렇게 일본 군국주의의 출발점이 됐다.**

우리는 '히비야 폭동 사건'에서 교훈을 얻지 않으면 안 된다. 포츠머스조약을 이해하지 못한 일본인들의 광기와 폭동을 반면교사로 삼아야 한다. 1965년 국교 정상화에 대한 당시의 반대도 그런 역사적 맥락에서 이해할 필요가 있다. 우리는 일본과의 전쟁에서 승리한 것도 아니다. 제대로 싸워보지도 못하고 일본의 식민지가 됐다는 게 우리의 역사이자 현실이다.

[표 7] 일본 천황과 총리의 과거사에 대한 사과 일지

발표자	일시 및 장소	요지
나카소네 야스히로 총리	1983.1.11. 서울	한일 양국 간의 불행한 역사를 엄숙히 받아들이지 않으면 안 된다고 생각함.
나카소네 야스히로 총리	1984.8.4. 도쿄	과거 폐를 끼치고 참해(慘害)를 입힌 데 대해 깊이 반성하고 재발하지 않도록 결의함.

히로히토 천황	1984.9.6. 도쿄	양국 간의 불행한 역사는 진심으로 유감이 며, 다시 되풀이되면 안 된다고 생각함.
나카소네 야스히로 총리	1984.9.7. 도쿄	한국인에 끼친 고난과 잘못에 대해 깊은 유 감을 표하고 향후 이런 일이 없도록 굳게 결 의함.
다케시타 노보루 총리	1989.3.30. 도쿄	한국에 끼친 큰 손해에 대해 깊은 반성과 유 감의 뜻을 표명함.
아카히토 천황	1990.5.24. 도쿄	불행했던 시기에 한국 국민들이 겪었던 고통 에 통석(痛惜)의 염(念)을 금할 수 없음.
가이후 도시키 총리	1990.5.24. 도쿄	한국인의 견디기 어려운 고난과 슬픔에 대해 겸허히 반성하며, 솔직히 사죄를 드림.
미야자와 기이치 총리	1992.1.16. 서울	한국인의 견디기 힘든 고통과 슬픔에 대해 반성하고 사과함.
미야자와 기이치 총리	1992.1.17. 서울	한국인의 고통과 슬픔 뿐 아니라, 최근 거론 되는 위안부 문제도 진심으로 사과함.
호소카와 모리히로 총리	1993.8.23. 도쿄	과거의 침략전쟁에 대해 아시아 각국에 깊은 반성과 사과를 표시함.
호소카와 모리히로 총리	1993.11.16. 경주	한국에 대한 일본의 침략과 창씨개명, 강제 징용, 위안부 문제 등 식민지 통치에 대해 반 성하고 사죄함.
아키히토 천황	1994.3.24. 도쿄	일본은 과거사에 대한 깊은 반성 위에 한국 과의 신뢰와 우정을 위해 노력해 왔음.
하타 쓰토무 총리	1994.5.10. 도쿄	침략 행위 및 식민지 지배가 초래한 고충과 슬픔에 대해 깊이 반성함.
무라야마 도미이치 총리	1994.7.18. 도쿄	침략 행위 및 식민지 지배가 가져온 견디기 힘든 고난과 슬픔에 대해 깊이 반성함.
무라야마 도미이치 총리	1994.8.31. 도쿄	위안부 문제 같은 과거사와 침략에 대해 깊 이 반성하고 올바른 역사 인식을 정립함.
무라야마 도미이치 총리	1995.8.15. 도쿄	일본의 침략전쟁과 식민지 지배로 고통 받은 아시아 각국에 진심으로 반성하고 사죄함.

하시모토 류타로 총리	1996.1.22. 도쿄	무거운 짐과 미래의 책임으로부터 벗어날 수 없음.
하시모토 류타로 총리	1996.6.23. 제주	창씨개명과 위안부 문제와 같은 식민지 지배에 대해 깊이 반성하고 진심으로 사죄함.
아키히토 천황	1998.10.7. 도쿄	한국인이 받은 큰 고통에 대한 깊은 슬픔을 항상 기억하고 있음.
오부치 게이조 총리	1998.10.8. 도쿄	한국인이 받은 다대한 손해와 고통의 역사에 대해 통절히 반성하고 진심으로 사죄함.
고이즈미 준이치로 총리	2001.10.15. 서울	한국인에게 준 다대한 손해와 고통에 대해 통절히 반성하고 진심으로 사죄함.
고이즈미 준이치로 총리	2005.4.22. 자카르타	식민지 지배와 침략으로 아시아 각국 국민에게 준 손해와 고통을 통절히 반성하고 진심으로 사죄함.
고이즈미 준이치로 총리	2005.8.15. 도쿄	아시아 각국 국민에게 준 손해와 고통에 대해 다시 통절히 반성하고 진심으로 사죄함.
아베 신조 총리	2007.3.11. 도쿄	'고노 담화'를 계승할 것이며, 위안부들에게 고이즈미 전 총리와 하시모토 전 총리가 보낸 사죄의 편지를 존중할 것임.
아베 신조 총리	2007.3.26. 도쿄	위안부 피해자들에게 총리로서 사죄하며, 이는 '고노 담화'에서 말하고 있는 그대로임.
아베 신조 총리	2007.4.23. 도쿄	위안부에게 진심으로 동정의 말씀을 드리며, 고초를 당한 것에 대해 죄송하게 생각함.
아베 신조 총리	2007.4.27. 워싱턴	위안부의 극도의 고난과 희생에 대해 애도를 표하고, 그런 사실에 대해 사과를 표명함.
하토야마 유키오 총리	2009.10.9. 서울	역사를 직시하여 '무라야마 담화'의 내용을 계승해야 한다고 생각함.
간 나오토 총리	2010.8.10. 도쿄	한일병합 100년 시점에 일본의 식민지 지배로 인한 한국인의 아픔과 손해에 대해 통절하게 반성하고 진심으로 사죄함.

간 나오토 총리	2010.8.15. 도쿄	아시아 각국 국민들에게 끼친 손해와 고통에 대해 다시 깊이 반성함.
간 나오토 총리	2011.1.20. 도쿄	한국 국민이 받은 손해와 고통에 대해 작년 담화에서처럼 통절히 반성하고 진심으로 사죄함.
간 나오토 총리	2011.8.15. 도쿄	아시아 각국 국민들에게 끼친 손해와 고통에 대해 깊이 반성하고, 희생자 유족에 애도를 표함.
노다 요시히코 총리	2012.8.15. 도쿄	아시아 각국 국민들에게 끼친 손해와 고통에 대해 깊이 반성하고, 희생자 유족에 애도를 표함.
아베 신조 총리	2013.5.15. 도쿄	한국인에게 준 다대한 피해와 괴로움에 대한 통석의 염(念)과 반성을 바탕으로 오늘의 일본이 존재함.
아베 신조 총리	2013.7.7. 도쿄	일본은 아시아 국민들에게 준 괴로움에 대한 심각한 반성으로부터 역사인식을 해야 함.
아베 신조 총리	2013.10.22. 도쿄	아베 내각은 침략과 식민지 지배를 부정하지 않았고, 무라야마 담화의 내용을 계승함.
아베 신조 총리	2013.12.26. 도쿄	일본은 과거에 대한 통절한 반성 위에 다시는 전쟁을 일으켜서는 안 될 것임.
아베 신조 총리	2014.3.14. 도쿄	아베 내각은 '무라야마 담화'와 '고이즈미 담화'를 포함하여 역대 내각의 입장을 계승하고 있음.
아베 신조 총리	2014.4.17. 도쿄	일본은 아시아 국민들에게 끼친 엄청난 손해와 고통에 대한 반성에서 출발했으며, 역대 총리들은 반성과 사죄를 표명했음.
아베 신조 총리	2014.4.24. 도쿄	일본은 2차 세계대전에서 많은 사람들, 특히 아시아 국민들에게 끼친 다대한 손해와 고통에 대해 반성하며 전후를 맞이함.
아베 신조 총리	2014.7.8. 캔버라	일본은 과거에 대한 반성과 함께 20세기의 참화를 두 번 다시 반복하지 않겠다고 맹세했고, 이는 앞으로도 불변임.

아베 신조 총리	2015.1.28. 도쿄	아베 내각은 '무라야마 담화'를 비롯하여 역사인식에 관한 역대 내각의 입장을 계승함.
나루히토 황태자	2015.2.20. 도쿄	전쟁의 참화를 반복하지 않도록 역사를 깊이 인식하고, 겸허히 과거를 되돌아보고, 일본의 역사를 올바르게 전달하는 것이 중요함.
아베 신조 총리	2015.4.27. 보스톤	인신매매의 희생자가 된 위안부들에 대해 역대 총리와 마찬가지로 가슴 아프게 생각하며, '고노 담화'를 계승하겠음.
아베 신조 총리	2015.4.28. 워싱턴	인신매매의 희생자가 된 위안부들에 대해 가슴이 아프며, '고노 담화'를 계승하여 여성의 인권 침해가 없도록 하겠음.
아베 신조 총리	2015.4.29. 워싱턴	일본은 과거 전쟁에 대한 통절한 반성을 가슴에 품고 걸어왔음.
아베 신조 총리	2015.5.15. 도쿄	아베 내각은 '무라야마 담화'와 '고이즈미 담화'를 포함한 역대 내각의 입장을 계승하고, 일본은 향후 국제사회에서 공헌할 것임.
아베 신조 총리	2015.8.14. 도쿄	일본은 전쟁에 대해 통절한 반성과 진심의 사죄를 반복했으며, 전후세대에 사죄의 계속이라는 숙명을 남길 수 없음.
아키히토 천황	2015.8.15. 도쿄	과거 전쟁에 대한 '깊은 반성'과 함께 전쟁의 참화가 되풀이되지 않기 바라며, 희생자들을 추도하고 세계평화를 기원함.
아베 신조 총리	2015.12.28. 도쿄	일본 내각총리대신으로서 다시 한 번 위안부로 많은 고통을 겪고 심신에 치유하기 어려운 상처를 입은 모든 분들께 진심으로 사죄하고 반성함.
아키히토 천황	2016.8.15. 도쿄	과거에 대한 '깊은 반성'과 함께 전쟁이 다시는 되풀이되지 않기를 바라며, 희생자들을 추도하고 세계평화와 일본의 발전을 기원함.

아키히토 천황	2017.8.15. 도쿄	과거에 대한 '깊은 반성'과 함께 전쟁의 참화가 반복되지 않기 바라며, 희생자들을 추도하고 세계평화와 일본의 발전을 기원함.
아키히토 천황	2018.8.15. 도쿄	과거에 대한 '깊은 반성'과 함께 전쟁의 참화가 다시 되풀이되지 않기 바라며, 희생자들을 추도하고 세계평화와 일본의 발전을 기원함.

한일관계의 법과 정치

제 8 장   한일관계의 법과 정치

2차에 걸친 헤이그 만국평화회의에서 당시 대부분의 국가들은 전쟁과 분쟁해결에 대한 조약을 체결했지만, 한국은 헤이그에서 문전박대를 당했다. 일본은 한국과 제1차 한일협약, 을사보호조약, 정미7조약및 병합조약을 체결하여 한국에 대한 침략을 완성했다. 한일 양국은이런 조약의 무효의 시기에 대해 이견을 보이고 있다. 이 문제는 국가와 국가대표에 대한 강제의 구분, 절차적 하자, 강행규범의 위반, 불소급 원칙의 적용 등이 복잡하게 얽혀 있다. 국제법에서 정책과 가치를 중시하는 맥두걸의 법정책학적 방법론, 국제정치학에서 국제법을중시하는 자유주의나 구성주의적 시각을 통해 한일관계를 전향적으로 접근해야 한다. 일본은 필요에 따라 선택적으로 국제법을 수용했지만, 한국에 비해 국제법 수용의 역사가 길고 깊이도 있다,

22. 침략과 전쟁, 강요된 평화

만국평화회의

한국의 근대사는 중국의 지배가 일본의 지배로 바뀌는, 외세의 침략과정(process of invasion)의 서글픈 역사라고 할 수 있다. 중일 양국과 미국, 러시아 등 동서양의 열강은 동북아시아의 약소국에 대

한 이권을 위해 다투었고, 결국 일본이 중국과 러시아를 연파하고 한국을 식민지로 만들었다. 미국은 일본의 한국에 대한 지배를 인정해줬고, 일본은 그 대가로 필리핀에 대한 미국의 지배를 용인했다. 앞에서 본 태프트·가쓰라 밀약이 그런 내용을 담고 있다. 제국주의가 현실이던 당시, 강대국들은 이렇게 약소국을 침략하고, 조약이나 각서와 같은 형태의 합의로 침략을 지배로 마무리했다.

1899년과 1907년에 헤이그에서 개최된 제1차 및 제2차 만국평화회의에서, 각국은 '국제분쟁의 처리에 대한 협약', '육상전의 법과 관례에 대한 협약' 등 당시 국제사회의 전쟁과 무력분쟁을 평화적으로 처리하기 위한 여러 조약을 체결했다. 성문화된 이 조약들은 전쟁법의 초석이 되었다. 만국평화회의에 참가한 국가는 50개국을 넘지 않았는데, 이들을 제외한 나머지 지역은 대부분 국가로 승인받지 못한 식민지 내지 피지배 지역이었다.

당시 일본과 한국은 전형적인 제국주의 침략국과 식민지의 관계였다. 을사보호조약의 부당성을 호소하기 위해 헤이그로 왔던 이준, 이위종, 이상설이 만국평화회의에 참석하지 못하고 문전박대를 당한 것은 당시의 국제질서를 그대로 보여준다. 헤이그밀사사건으로 고종은 일본에 의해 퇴위 당했고, 한국의 병합은 가속이 붙었다.[130]

요컨대 근대화에 성공한 강대국들은, 당시 국제법이라는 명분을 통해, 그들만의 기준과 가치를 내세워 약소국에 대한 침략을 정당화했다. 힘의 논리가 지배하던 제국주의 시대에 약소국은 속절없이 식민지로 전락했다. 냉엄한 국제정치의 현실 앞에 약소국은 강대국들이 제시하는 불평등조약을 받아들일 수밖에 없었다.

조약의 효력

근대에 한국이 체결했던 조약들은 대부분 강대국들이 그렇게 강제한 것이다. 한일 양국이 체결한 1876년 병자수호조규(강화도조약)도 형식적으로는 평등한 조약이지만, 실제는 일제의 침략을 위한 것이었다. 조약에서 첫 번째로 조선이 자주 국가임을 명시한 것은 일본이 중국의 지배를 더 이상 인정하지 않겠다는 것을 확인한 것이다. 조선과 일본이 대등한 관계에서 화친을 위해 예의로 대하고 권리를 존중한다는 등의 내용은 그런 의도를 감추기 위한 외교적 미사여구였을 뿐이다.[131]

청일전쟁과 러일전쟁에 승리한 일본은 시모노세키조약과 포츠머스조약으로 조선의 지배권을 확립했다. 일본은 불평등조약인 제1차 한일협약, 을사보호조약, 정미7조약을 조선과 강제로 체결했다. 그리고 1910년 8월에 한일병합조약을 체결하여 한국에 대한 통치권 내지 지배권을 완전히 확보했다. 전술한 것처럼, 1965년 국교 정상화 당시 한국과 일본은 이런 조약들이 '이미 무효'라는 애매한 표현으로 어려운 협상을 타결할 수밖에 없었다. 법적 효력에 대

하여 의도적으로 애매한 해석의 여지를 둔 것이다.[132]

당연히 일본의 책임과 사과를 둘러싼 논란은 국내적으로 종식되지 않았다. 일본이 강압적으로 체결한 조약들은 절차적으로도 하자가 있어서 국제법적으로 무효라는 주장이 적지 않았다. 따라서 일본이 이를 인정하고 모든 책임을 져야 한다는 것이다. 이 문제는 조약법 이론상으로도 논쟁이 되고 있다. 전술한 국가와 국가대표에 대한 강제의 구분 외에, 절차적 하자, 강행규범의 위반, 불소급 원칙의 적용 등이 복잡하게 얽혀 있다.

학술적 논쟁을 여기서 반복할 필요는 없지만, 어쨌든 일본의 침략과 지배 문제는 법적·정치적 논란이 혼재하는 어려운 과제임이 분명하다. 가령, 일본이 조약의 원천적 무효를 인정하더라도, 청구권협정상의 금액 외에 배상을 더 받을 수 있는지는 별개의 문제다. **다만, 조약의 무효를 어떤 식으로 해석하든, 한국이 일제의 침략으로 식민지 지배를 받았다는 역사적 사실은 바뀌지 않는다.** 학자는 그런 맥락에서 국제법과 국제정치학이라는 이론적 시각으로 역사적 사실과 현실을 해석할 수밖에 없다.

23. 국제법과 국제정치학

이론의 전개

논란이 되고 있는 한일관계의 본질을 이해하기 위해서는, 동북아시아 근대사의 전개 과정을 국제법과 국제정치적 함의나 맥락에서 파악할 필요가 있다. 양국의 갈등을 국제정치와 국제법적 시각으로 분석함으로써 진정한 해결의 실마리를 모색할 수도 있다. 우선 국제법과 국제정치학이라는 이론적 틀의 관계를 고찰해보기로 하자.

국제법은 국가 간의 관계를 규율하는 법이다. 국제법은 주권국가의 병존이라는 국제사회의 구조 때문에 정치적·외교적 특성이 강하다. 국제법학자는 특정한 사건에 실정 국제법이나 원칙을 적용하거나, 국제사회에서 법의 지배의 실현이나 당위를 중시하여 이론을 전개해왔다. 국제정치학은 국가 간의 정치적 관계와 현상을 규명하는 이론이기 때문에, 국제정치학자는 국제적 사안의 역사적 전개와 상호작용 및 그 영향을 설명하는 데 주목했다. 따라서 후자는 전자에 비해 전쟁이나 평화, 동맹, 협상과 같이 넓은 주제와 담론에 관심을 기울였다.[133]

오랫동안 국제법과 국제정치학은 별개로 발전해왔고, 국제법학자와 국제정치학자는 서로의 영역에 무관심했다. 국내적으로 보면, 학제와 전공의 구분이 엄격한 대학이나 제도권 아카데미의 특성상 두 학문은 그렇게 존재하고 발전해올 수밖에 없었다. 그러나 국제교류가 활발해지고 국제사회의 구성이 다원화되면서 사정은 바뀌었다. 특히 1980년대 이후 국제법학자는 국제사회에서 국제법의 적용이나 실현에 대한 주장이 비현실적이라는 회의론자들의 지적을 인정해야 했고, 국제정치학자는 국제기구와 국제 체제가 비약적으로 증가하여 무력이나 힘을 중시하는 접근법의 한계를 인정해야 했다.

국제법과 국제정치학의 접점

21세기의 국제사회에서 이제 국제법과 국제정치학은 별개의 그러나 중복되는 학문적 영역이라고 말할 수 있게 되었다. 양측의 학자들은 두 가지 방법론이 밀접하게 관련되어 있다는 것을 이해하고 있다. 어떤 국제문제에 대한 그들의 시각이 반드시 충돌하는 것은 아니기 때문이다. 대학에서도 학제간 연구, 통섭적 연구, 융복합적 접근이 트렌드가 되면서 전공의 벽이 많이 허물어졌다.

국제법에서 국제정치학적 방법론을 중시하는 접근은 마이러스 맥두걸(Myres S. McDougal)로 대표되는 뉴헤이븐 학파(New Haven school)가 가장 유명하다. 맥두걸은 법을 「권위적이고 통제적인 의사결정의 과정」(process of authoritative and controlling decision)으로 파악했다. 그의 권위(authority)는 특정한 자격과 방법으로 선택된 주체가 어떤 기준과 절차로 특정한 결정을 내릴 수 있는지에 대한 기대에 부응하는 기관을 말한다. 지배 또는 통제(control)는 권위의 존재 여부를 불문하고 유효한 힘을 갖는 것을 의미한다. 그는 권위와 통제가 결합하는 시점에 법이 성립한다고 했다.[134] 즉, 맥두걸의 권위는 법의 정당성을, 통제는 법의 강제력을 말한다.

뉴 헤이븐 학파의 접근을 정책중심적 법학 또는 법정책학적 접근(policy-oriented jurisprudence)이라고 한다. 루이 헨킨(Louis Henkin)과 에이브럼 체이스(Abram Chayes)는 이를 발전시켜, 위기로부터 정책결정에 이르는 국제정치의 과정에서 국제법이 실제로 미치는 영향을 분석했다. 그런 의미에서 이러한 국제법적 방법론을 통칭하여 국제법과정 학파(international legal process school)라고도 한다.[135]

국제정치학의 다양한 접근방법 중에서도 국제법을 중시하는 입장은 과거에 비해 크게 증가했다. 전통적으로 국력, 안전보장, 무력의 사용이나 위협 등 핵심적 요소를 중시하는 현실주의(realism)는 법을 정치적 합의로 파악하기 때문에 상대적으로 국제법을 경시한다. 그들에게 국제법이란 강대국과 전승국의 논리를 대변한 승자의 정의(victor's justice)일 뿐이다.[136] 현실주의 국제정치학에서는 주권국가가 병존하는 국제사회를 자력구제가 작동하는 무정부 상태(anarchy of the international system)로 본다.[137] 한스 몰겐소(Hans

Morgenthau)는 물론 케네스 월츠(Kenneth Waltz)나 존 미어샤이머 (John Mearsheimer)의 주장은 모두 그런 상태를 전제로 한다.

그러나 자유주의(liberalism)나 제도적 자유주의(liberal institutionalism)는 국제관계에서 규범과 제도의 중요성을 인정하기 때문에 상대적으로 국제법을 중시하게 되었다. 이를 이어받은 구성주의(constructivism) 이론이 1990년대 이후 국제관계론에서 주목을 받으면서, 국제법은 더욱 국제정치학자들에게 중시되었다. 구성주의는 거대한 담론 대신 규범이나 문화, 이념 또는 종교적 신념을 주목하여 국제법을 매우 중요한 요소로 간주한다.[138]

이론과 현실

한국의 독립 이후 한일관계는 정상적으로 전개되지 못했다. 남북 분단과 한국전쟁의 와중에 국교재개를 위한 양국의 협상은 제대로 진행되지 않았다. 미국이 양국의 조속한 합의를 원했지만, 식민지 지배의 책임에 대한 양국의 이견은 좁혀지지 않았다. 미국 덕분에 독립한 한국은 협상을 주도하지 못했고, 일본도 미국의 묵인하에 우리가 원하는 책임을 인정하지 않았다.

이런 구조적인 특성으로 한일 간의 갈등은 쉽게 해결되지 않았다. 양국의 갈등과 이견을 봉합하고 진정한 해결을 모색하기 위해서는 다양한 시각으로 문제를 봐야 한다. 특정한 국제문제를 국제법적인 시각에서만 또는 역사나 국제정치적인 시각으로만 접근하고 분석한다면, 해결의 가능성은 낮아질 수밖에 없다. 따라서 과거사의 해결이나 책임에 대한 법적 측면과 정치적 영향력 및 그 함의를 같이 이해하는 것이 더욱 중요해지고 있다.

현실주의의 입장에서 한일관계를 본다면, 한국은 '국력을 키워' 과거사에 대한 일본의 반성과 사과를 계속 요구할 수 있다. 피해자가 만족할 때까지 가해자는 사과해야 한다고 주장할 수도 있다. 이런 시각에 의하면, 어떤 국제법적 과정을 거쳐 일본이 한국을 침탈했고 또 한국이 독립했는지는 중요하지 않다. 그러나 무력의 행사나 그러한 위협이 법적으로 금지된 21세기에, 일본을 압도하는 힘으로 그런 문제를 해결해야 한다는 것은 비현실적이다.

자유주의나 구성주의의 시각에서 이 문제를 보면, 한일 양국이 협상을 통해 과거사 문제에 대한 갈등을 해결하는 것이 가장 바람직하다. 양국은 서로의 주장에 대한 국제법적인 근거와 함께 정책적 판단도 고려해야 한다. 정치와 경제를 포함하는 한일관계 전체의 맥락에서 문제를 이해하고, 국제법적 정당성이 뒷받침된 논리를 정비해야 한다. 국제정치학자들은 민감한 이슈에 대한 해법을 전략적 함의와 함께 제공하고, 국제법학자들은 그런 해법에 대한 법적 근거와 이론을 제공할 수 있을 것이다.

현실의 국제관계는 당연히 이론과 다르게 흘러간다. 사회과학은 특정한 사건이나 역사를 이론적 정합성을 통해 분석하는 방법론이 많기 때문에 한계를 가질 수밖에 없다. 국제관계에 대하여 법적·정치적 평가를 할 때 그런 점을 항상 고려해야 한다. 한일관계를 어떤 이론의 틀로써 분석할 때는 더욱 신중하게 접근하지 않으면 안 된다.

어쨌든 제국주의 시절 강대국들은 국제법적 정당성을 내세워 정치적 이익을 실현했고, 그런 사정은 지금도 크게 달라지지 않았다. 냉혹한 국제사회에서 국익을 극대화할 수 있는 실리외교보다 더 중요한 가치는 없다. 선진국이 되기 위해서는 그에 맞는 외교정책이 필요하다. 간단히 소개한 국제법과 국제정치학의 복잡한 이론은 그런 맥락에서 이해하면 될 것이다.

24. 한국과 일본의 국제법

일본의 선택적 국제법 수용

일본은 국익을 위하여 국제법을 잘 이용해왔다. 구체적으로, 일본의 국제법에 대한 입장은 역사적으로 자국에 유리할 때는 적극적으로 이를 수용했지만, 불리할 경우에는 그렇게 하지 않았다는 데에 특징이 있다. 예컨대, 일본은 근대 이후 개국기에는 불평등조약의 철폐, 조선에 대한 침략, 러일전쟁의 승리로 국제법을 적극적으로 수용하고 이용했다. 그러나 일본은 대륙침략을 본격화하면서 국제연맹을 탈퇴하고 조약의무를 경시했다.

그리고 태평양전쟁의 개시와 수행과정에 있어서는 철저하게 국제법을 무시했다.[139] 일본의 대미각서와 국가책임을 설명하면서 언급했듯이, 일본은 선전포고를 하지 않고 태평양전쟁을 일으켰으며 전시에 극악무도하게 포로를 살상하고 학대했다. 이는 일본이 가입했던 1907년의 '개전조약'(convention relative to the opening of hostilities)과 '육상전의 법과 관례에 대한 협약'(convention relative to the laws and customs of war on land) 부속서의 관련 조항에 정면으로 위배되는 것이다. 교전행위의 결과 군사적으로 적의 세력권에 포함된 전쟁포로는 이 조약의 부속서로 국제법상 일정한 보호를 받게 됐다.

개전조약은 1904년 러일전쟁에 대한 일본의 기습공격 때문에 헤이그회의에서 체결된 것이어서, 일본은 진주만 기습으로 엄청난 비난을 받았다. 태평양전쟁 당시 일본군의 잔학행위는 미국의 핵무기 사용에 중요한 명분이 될 정도로 끔직했다. 전쟁포로와 관련하여, 일본은 1907년 조약은 가입했지만, 1929년 포로의 대우에 관한 조약은 가입하지 않았다. 요컨대, 러일전쟁의 선제공격 이후 일본은 일차대전 때까지 비교적 국제법을 준수했지만, 만주사변을 전후로 일본이 국제사회와 등을 돌리기 시작하면서 국제법 무시가 본격화되었다는 점이 주목된다.

일본은 처절한 패전으로 국제사회에 강제로 복귀한 후에는 국제법질서를 존중하게 되었다. 일본은 이렇게 구미에 대한 경외심과 자신감으로 국제법의 적극적 수용과 무시를 반복했으며, 이차대전이 끝나고 평화헌법 체제에 의해 국제법질서를 존중하여 분쟁의 평화적 해결 의무를 적극적으로 받아들였다. 일본의 국제법에 대한 이중적 입장은 그러한 역사적 맥락에서 이해할 수 있다.

한국의 소극적 국제법 수용

한국은 일본과 같이 국제법을 적극적으로 수용하지 못했다. 근대화에 실패한 조선의 처지를 생각하면 당연한 일이다. 국제법에 대한 지식이 없었던 조선은 일본과 강화도조약을 체결함으로써 국제법에 의한 외국과의 교류를 본격화했다. 조선은 1882년 미국과 조미수호통상조약을 체결한 이후 일본에 병합되기까지 6개의 다자조약과 100개의 양자조약을 체결했다.[140] 이런 조약은 대부분 불평등조약이었는데, 조선의 자주적 관세권은 부인되었고 상대국의 영사재판권이 인정되었다.

근대 이전 조선은 동아시아 중화 질서의 일원으로서 중국을 중심으로 하는 대외정책을 펴왔다. 당연히 조선은 주권국가 체제에 입각한 서구의 국제법 질서를 이해하지 못했다. 조선은 이론적으로 서구 열강과 평등한 조약을 체결하여 진정한 독립국으로 자리 잡을 수도 있었다. 그러나 조선은 그럴만한 능력이나 안목이 없었고, 국제정치적 상황도 그렇게 되지 않았다. 그 이후의 역사는 여기서 재론할 필요도 없다. 그렇게 조선은 국제법을 내세운 강대국들에 유린당했고, 결국 일본의 식민지가 되었다.

1948년 8월 15일 비로소 독립한 한국은 1952년 샌프란시스코 평화조약의 당사국이 되지 못했다. 휴전협정으로 전쟁을 마무리한 한국은 여러 국가들과 조약을 체결하여 국제법을 본격적으로 활용했다. 일본과의 국교 정상화는 1965년에 실현됐고, 애매한 성격의 기본조약과 청구권협정으로 과거사에 대한 갈등은 일단 봉합됐다. 당시의 국제정치적 상황으로, 양국은 그런 선택을 할 수밖에 없었다. 그러나 상처는 제대로 아물지 않았고 심각한 후유증이 남았다.

양국은 세계에서 유례가 드물 정도로 오래 협상을 진행하면서, 국제법을 근거로 자국의 입장을 정당화했다. 예컨대, 양국은 식민지의 독립, 점령군의 정책, 평화조약, 전쟁책임, 사유재산의 몰수에 따르는 국제법적 문제를 자국에 유리하게 해석하여 주장했다. 구보타 망언을 계기로 제기된 국제법적 공방은 제3차 회담 결렬의 직접적인 원인이 됐다. 치밀한 논리는 아니었지만, 협상에서 국제법이 그렇게 언급된 점이 주목된다.

어쨌든 한일 간의 과거사 문제들은 1965년 조약의 문언적 해석만으로는 쉽게 해결되지 않을 것이다. 다만 위안부, 강제징용, 개인의 법적 책임과 같이 당시 조약으로 애매하게 처리된 부분은 국제법상 평화적 분쟁해결 절차로 해결하는 것이 가장 합리적이라 판단된다. 일본은 이런 문제와 관련하여 현재 한국이 국제법을 존중하지 않는다고 주장하고 있다. 일본이 한국에 대하여 국제법상 명분이나 대외적 정당성을 주장하게 된 작금의 상황이 당황스럽다.

제 9 장

친일과 반일 사이

제 9 장   친일과 반일 사이

국내적으로 1948년 9월의 '반민족행위처벌법'과 2004년 3월의 '반민족행위 진상규명 특별법'으로 반민족행위자에 대한 처벌과 규명이 시도됐다. 전자는 1951년 2월에 폐지됐지만, 후자의 경우 진상규명위원회를 통해 친일반민족행위자의 명단이 공개됐다. 친일반민족행위자의 규정으로 국내에서 친일 문제는 더욱 확대되고 반일 정서는 악화됐다. 프랑스의 나치 부역자들에 대한 처벌은 한국의 친일파 청산과 본질적으로 다르기 때문에 양자를 일률적으로 비교할 수는 없다. 유럽에서의 전쟁과 태평양전쟁이 다른 형태로 전개됐기 때문에, 독일과 일본의 전쟁책임도 당연히 다르게 처리됐다. 일제 강점기에 일본군으로 복무한 조선인은 대부분 차별을 극복하고 생존하기 위해 입대한 사람들이었다. 친일파 문제는 이런 역사적 상황을 이해하고 접근해야 한다. 임진왜란 때 일본으로 끌려간 조선인 도공의 후예, 도고 시게노리(東郷茂德) 집안 3대의 운명을 통해 한일 양국의 근대사, 국가와 개인의 의미를 생각해볼 필요가 있다. 미일 양국이 태평양전쟁이라는 대결의 역사를 잊고 한미관계보다 더 굳건한 동맹관계를 맺고 있는 최근의 상황을 주목해야 한다.

25. 신화와 진실

친일파 논란

친일파의 사전적 정의는 '일제 강점기에 일제와 야합하여 그들의 침략과 약탈정책을 지지하고 추종한 세력'이라고 돼 있다. 이들은 나라를 팔아먹은 매국노이자 민족의 반역자이기 때문에 비난받아 마땅하다. 그런데 어디까지를 '일제의 침략정책에 대한 지지와 추종' 행위로 봐야 하는가? 이것은 '비난가능성'이라는 책임 문제를 생각할 때 중요한 논점이 된다. 적극적으로 일제에 협력하지 않은 사람을 친일파라고 비난할 수는 없기 때문이다.

대한민국 정부의 수립 후, 1948년 9월 7일 제헌국회에서 '반민족행위처벌법'이 제정됐다. 이 법에 의해 '반민족행위특별조사위원회'(반민특위)가 설치됐다. 이 법의 목적은 '악질적인 반민족행위자의 처벌'이었다. 이 법에는 한일합병에 적극 협력한 자,[141] 일본 정부로부터 작위를 받았거나 제국의회 의원이었던 자,[142] 독립운동가를 살상·박해한 자,[143] 기타 군, 경찰, 관리로 '악질적인 반민족행위'를 한 자가 그런 경우라고 돼 있었다.[144] 그러나 이승만 정부의 소극적인 태도와 한국전쟁 전후의 혼란으로 1951년 2월 14일 이 법은 폐지됐다.

여기서 분명히 해야 할 사실이 있다. 그것은 이 법에 규정된 '악질적인 반민족행위자'는 일반적인 의미의 친일파가 아니라는 점이다. 친일파를 '일본과 친하게 지내는 집단이나 개인'이라고 넓게 정의하면, 식민지 시대를 보낸 대부분의 한국인은 친일파가 된다. 보통 사람들은 생존을 위해 일본에 저항하지 않았다. 그런 광의의 친일파는 '반민족행위처벌법'의 대상이 아니다. 이런 점을 생각하지 않으면, 논란이 되고 있는 친일파 미청산 문제는 수박 겉핥기가 될 수밖에 없다.

'반민족행위자'는 1965년 국교 정상화 당시부터 친일파로 인식되기 시작했다. 노무현 정부 시절인 2004년 3월에 '일제강점하 반민족행위 진상규명에 관한 특별법'이 제정됐다. 이 법은 러일전쟁 개전 시부터 1945년 8월 15일 사이에 '친일반민족행위'의 진상규명을 목적으로 했다.[145] 이 법에 의해 설립된 진상규명위원회는 '친일반민족행위자' 1,005명을 선정했는데, 이는 반민특위의 '반민족행위자' 688명보다 훨씬 증가한 수치였다. 2009년에는 민족문제연구소가 '친일인물'로 4,389명을 선정했다.

우리는 '반민족행위자', '친일반민족행위자', '친일인물'이라는 명칭의 변화에서, 친일 문제의 퇴행적인 진화를 확인할 수 있다. 정치인들과 시민단체는 이런 과정을 통해 친일 문제를 확대·왜곡했고, 국민들의 반일 정서는 더욱 나빠졌다. 그렇게 해서, 우리 사회의 친일파 청산은 악질적 '반민족행위자'의 처벌이라는 처음 의도와 완전히 다른 양상을 띠게 됐다.

프랑스의 나치 부역자 처벌

프랑스의 나치 부역자들에 대한 처벌과 한국의 친일파 청산을 비교하는 경우가 많다. 한국은 30명만 처벌했지만, 프랑스는 4년의 독일 점령 기간에 나치에 부역한 사람 수만 명을 처벌했다는 것이 그 이유다. 나치 부역자의 처벌 규모는 평가에 따라 달라 정확하게 알 수 없다. 대략 공식재판으로 7천 명이 사형선고를 받고, 8백 명 가까이 집행됐다고 한다. 군사재판과 즉결처형의 희생자를 합치면 숫자는 훨씬 증가한다.

그러나 당시 프랑스는 해방 후 한국과 사정이 완전히 달랐다. 프랑스의 이차대전 역사를 조금만 들여다보면, 그 이유를 알 수 있다. 프랑스는 1940년 6월 22일 독일과 정전협정을 체결하여 남부에 새로운 정부를 수립했다. 북부는 독일이 통치하고, 남부는 필립 페탱(Philippe Pétain)이 국가원수인 '비시 프랑스'(Vichy France)가 됐다. '비시 프랑스'는 독일의 사실상 동맹국이자 괴뢰 국가였다. 1942년 11월 독일은 '비시 프랑스'도 접수했다.

런던에는 샤를르 드골(Charles de Gaulle)의 '자유 프랑스'(Free France) 망명정부라는 강력한 조직이 있었다. 드골의 지휘하에 자유 프랑스군은 우리 광복군보다 더 조직적으로 또 광범위하게 독일에 저항했다. 페탱은 일차대전의 영웅이었고 드골의 직속상관이었다. 그러나 그들의 운명은 페탱의 항복으로 갈라졌다. 두 프랑스는 독일에 대한 타협과 저항이라는 정반대의 길을 걸었다. 당시 양측의 대립은 해방 후 남북한의 갈등과 유사했다. **이차대전 후 프랑스의 나치 부역자에 대한 처벌은 비시 정권에 대한 심판이라는 관점에서 봐야 제대로 이해할 수 있다.**

한국은 35년 간 일제의 통치를 받았다. 당시 독립에 대한 확신을 가진 국민은 많지 않았다. 그런 상황에서 일본이 패망하자, 미군정과 이승만 정부는 조선총독부의 한국인 관료와 경찰, 군대 조직을 수용할 수밖에 없었다. 프랑스는 나치의 지배 기간에도 형식적으로 독립국이어서, 독일의 패전 후 건국의 부담이 없었다. 그러나 우리는 일본에서 분리되어, 그것도 분단 상황에서 새로운 국가의 틀을 만들어야 했다. 해방 후 친일파 청산이 무 자르듯 안 된 것은 그런 사정 때문이다.

한국은 이차대전이 끝났을 때 독립국이 아니었다. 한반도는 일본의 패망으로 일본에서 '분리된 지역'이 됐다. 샌프란시스코 평화조약에 한국은 그렇게 규정됐다. 사반세기 이상 중국에서 활동한 상해 임시정부는 강대국이 승인하지 않았다. 대한민국 정부의 수립은 해방 후 3년을 더 기다려야 했다.

따라서 일본과 싸워 독립을 쟁취하지 못한 한국을 드골의 프랑스와 비교하는 것은 어불성설이다. 한국은 대일평화조약에 명시된 연합국이나 승전국이 아니다. 한국이 일본에 대한 승전국이었다면 사정은 달랐을 것이다. 좋든 싫든, 이것은 사실이고 우리가 인정해야 할 역사다. 역사는 우리의 뜻대로 수미일관하게 흐르지 않는다. 친일파 청산과 같은 거대한 담론을 논하기 전에, 최소한 역사를 바라보는 객관적인 시각은 가져야 한다.

무릎 꿇은 독일과 일본의 총리

1970년 12월 7일 빌리 브란트(Willy Brandt) 독일 총리는 폴란드의 바르샤바를 방문했다. 방문의 목적은 1950년 7월 6일 동독이 폴란드와 합의한 국경선을 서독이 인정한다는 '바르샤바조약'의 체결을 위해서였다. 당시 동독과 폴란드의 국경선은 오데르강과 나이세강으로 이루어진 오데르－나이세선(Oder-Neisse Line)이었는데, 이로 인해 동독의 영토가 과거에 비해 112,000㎢ 줄어든 상태였다. 서독에서 조약의 체결에 대한 반대가 심했지만, 그는 동방정책(Ostpolitik)의 추진을 위해 폴란드 방문을 강행했다.[146]

브란트 총리는 그날 바르샤바의 유태인 희생 추모비에 헌화하고 나서 무릎을 꿇고 묵념했다. 즉흥적으로 이루어진 정치인의 퍼포먼스는 세계적으로 화제가 되었다. 독일에서 그가 속한 사회민주당은 이를 지지했지만, 보수층에서는 강력하게 반발했다. 브란트 총리는 '바르샤바조약'에 서명한 후 독일로 돌아왔다. 이를 계기로 브란트 총리는 동방정책을 적극적으로 추진했고, 1971년에 노벨 평화상을 수상했다. 그의 동방정책이 기반이 되어, 결국 독일은

유태인 추모비 앞에서 무릎 꿇은 빌리 브란트

1990년에 다시 통일됐다.

빌리 브란트 총리의 무릎을 꿇은 사과는 독일 정치인의 진심어린 사과의 실례로 자주 거론된다. 국내에서는 일본의 정치인들은 브란트 총리처럼 진심어린 사과를 하지 않는다고 주장하기도 한다. 그러나 일본의 정치인도 진심어린 사과를 여러 차례 했다. 일본의 하토야마 유키오(鳩山由紀夫) 총리는 2015년 8월 12일 서대문형무소를 찾아 과거 일제의 만행에 대해 무릎 꿇고 사죄했다. 그는 2018년 10월 3일 합천에 있는 원폭 피해자들을 찾아 위로하고 무릎 꿇고 사과하기도 했다.[147]

독일은 침략전쟁에 대해 진심으로 사과했고, 나치의 박해로 인

한 피해자들에게도 여러 차례 배상했다. 독일은 '연방원상회복법'
이나 '연방배상법'과 같은 국내법으로 나치 피해자들에게 배상했
다. 독일은 벨기에, 네덜란드, 룩셈부르크, 덴마크, 노르웨이, 스웨
덴, 그리스, 프랑스, 영국, 이태리, 스위스, 오스트리아 등 12개국
과의 포괄적 양자협정으로 외국의 피해자들에게도 배상했다.[148]

독일의 외국에 대한 배상은 평화조약에 따른 국가배상(repar-
ation)이 아니라는 점이 주목된다. 소련을 제외한 연합국과 독일은
1953년 '런던채무협정'으로 독일의 대외채무를 통일 시까지 유보
시켰다. 그리고 1990년 독일의 통일 시 동서독과 미, 영, 불, 소 4개
국은 독일에 대한 '최종해결조약'에서도 배상 문제를 다루지 않았
다. 독일은 패전 후 전쟁피해에 대한 법적 배상을 인정하지 않고,
나치의 박해로 인한 피해자로 한정해서 배상한다는 원칙을 고수했
다. 연합국은 베르사유조약의 실패와 냉전의 심화로 독일에 전쟁
책임을 엄격하게 물을 수 없었다.[149]

다만 나치의 외국인에 대한 강제노동 문제가 1990년대 후반 본
격적으로 제기되면서 사정은 바뀌었다. 독일 의회는 2000년 8월 이
문제를 해결하기 위해 '기억 · 책임 · 미래재단'(Stiftung Erinnerung,
Verantwortung und Zukunft: EVZ)을 설립하는 법을 통과시켰다. 재
단의 기금 100억 마르크(52억 유로)는 독일 정부가 반을 출연했고,
나머지 반은 독일의 기업들이 제공했다. 재단의 사업으로 100여개
국가의 피해자 166만 명에게 43억7천만 유로의 금액이 지급됐다.

독일 정부는 이 재단의 사업이 독일의 법적 책임이 아닌 '정치적·도덕적' 책임에 의한 것임을 분명히 했다.[150]

일본은 앞에서 본 것처럼 샌프란시스코 평화조약의 체결 후 필리핀, 인도네시아, 미얀마, 베트남 등 동남아 4개국과 양자조약으로 전후 배상을 마무리했다. 그리고 태국, 라오스, 캄보디아, 말레이시아, 싱가포르 등 동남아 각국에 경제협력 차원의 금액을 지원했다. 일본은 한국에 대한 청구권협정의 자금도 경제적 지원금이라고 이해하고 있다.

독일과 일본의 전쟁책임과 식민지 지배의 책임은 이렇게 다른 형태로 이행됐다. 이차대전 후 당시의 국제정치적 상황을 감안하면, 당연한 결과라 할 수 있다. 많은 국가가 전투에 참가한 유럽의

서대문형무소에서 무릎 꿇고
사죄하는 하토야마 유키오

전쟁과 미일 양국이 주된 교전국이었던 태평양전쟁은 전후처리가 같을 수 없었다. 일본과 남한을 단독으로 점령했던 미국은 일본에 관대한 강화를 허용했고, 그 연장선에서 일본의 전후책임도 애매하게 처리됐다.

26. 국가와 개인

제국의 군인

식민지 지배의 특징은 차별과 착취다. 제국주의 국가들은 그렇게 식민지를 경영했고, 일본도 예외가 아니었다. 차별에 시달리던 조선의 청년들이 그것을 극복할 수 있는 방법은 많지 않았다. 고급 관료가 되기 위한 고등문관시험이나 보통시험은 일반 청년들이 쉽게 접근할 수 없었고, 교사가 되기도 쉽지 않았다. 그들에게는 참정권도 없었고, 징병제도 적용되지 않았다.

일본은 1938년 2월에 비로소 '육군특별지원병령'을 선포하여, 이런 제한을 일부 풀었다. 많은 청년들이 차별과 가난의 질곡에서 벗어나기 위해 육군에 지원했다. 자료에 의하면, 1938년부터 1943년까지 시행된 이 제도로 육군에 지원한 한국인 청년은 803,317명이었고, 그 중에서 17,000명 정도가 입대했다고 한다. 대략 50대 1의 치열한 경쟁률을 기록했으니, 당시 일본군 입대의 인기를 짐작

할 수 있다.[151]

육군특별지원병 제도가 성공하자, 일본은 1943년에 해군특별
지원병제와 학도지원병제를 실시했다. 이와는 별도로 1939년부터
만주군관학교에 한국인이 입교했다. 1944년에는 징병제가 본격적
으로 실시됐다.[152] 이렇게 일본군에 입대한 조선의 청년은 병이나
하사관, 장교로 충실하게 복무하기도 했고, 일부는 중국 전선에서
탈영하여 광복군이 되기도 했다. 해방 후 이들은 국군의 창설에 크
게 기여했다. 국군 장교가 된 사람들은 한국전쟁에서 혁혁한 공을
세웠다.

이들은 태어날 때부터 일본제국의 2등 국민이자 신민(臣民)이었다.
대부분 어려운 환경을 벗어나기 위해 노력해서 일본군이 된 사람이
었다. 물론 악질적인 일본군이 된 사람도 있었겠지만, 그것은 예외
였다. '반민족행위처벌법'에 규정된 것처럼 장교나 하사관으로서
독립군을 살상·박해한 사람이 아니면, 당연히 악질적인 반민족행
위자가 될 수 없다. 그 중에는 오히려 시대의 희생자라고 할 수밖에
없는 사람도 있었다.

한국인으로 가미카제에 지원한 탁경현 소위가 그런 실례다.
1920년 6월 5일 경남 사천에서 출생한 그는 가족과 함께 일본으로
건너가서 힘들게 교토약학전문학교를 마쳤다. 그러나 그는 차별을
극복하기 위해 특공대에 지원했다. 그리고 1945년 5월 11일 카고
시마의 치란(知覽)에서 출격하여 자살공격으로 산화했다. 친한파

배우 구로다 후쿠미(黒田福美)는 2008년 그의 기일에 맞춰 사천에 추모비를 세우려 했지만, 주민들의 반대로 뜻을 이루지 못했다. 친일파 장교를 용서할 수 없다는 것이 반대의 이유였다.

국제법을 전공한 김찬규 교수는 정부 자문위원으로서 국가에 봉사한 분이다. 그는 일본에 대항하는 영토와 해양문제의 연구에 평생을 바친 학자였다. 문재인 대통령의 스승이었던 그는 일제의 황국신민화 정책을 내게 직접 설명한 적이 있다. 그는 초등학교 학생으로서 매일 아침 황국신민서사(皇国臣民の誓詞)를 암송하면서, "천황을 위해 목숨을 바치기로 결심했다"고 회고했다.[153] 매주 신사참배(神社參拜)를 하면서, "가미카제로 순국하겠다는 결의를 굳혔다"고도 했다. 당시 학생들은 모두 그런 황민화 교육을 받았다.

그런 환경에서 일본군이 된 한국인을 오늘날 우리가 친일파라고 비난할 수 있을까? **어쨌든 일제시대에 태어난 사람에게는 출생 당시에 한국이라는 나라가 없었다.** 독립운동에 투신하지 않은 대부분의 일반인들 중, 일부는 가혹한 차별 속에서 이렇게 군인이 되고, 교사가 되고 또 공무원이 됐다. 그 길은 그들이 생존을 위해 선택할 수 있는 아주 좁은 탈출구였다.

박정희 대통령이나 백선엽 장군에 대한 친일 논란도 그런 맥락에서 판단해야 한다. 한국의 경제발전과 한국전쟁에 대한 기여를 외면하고 이들을 평가해서는 안 된다. 오늘의 시각으로 당시의 보편적 정서를 친일이라고 단정해서도 안 된다. 역사적 상황을 무시한 평가는 일방적이고 단편적일 수밖에 없기 때문이다. 역사에 대한 이해가 부족하면, 맹목적인 국수주의자가 되기 쉽다.

외무대신이 된 '조선인 도공'의 후예

도고 시게노리(東鄕茂德)는 태평양전쟁의 개전과 종전 때 일본의 외무대신이었다. 조선인 도공의 후예였던 그는 1882년 12월 가고시마(鹿児島)의 히오키군 나에시로가와(日置郡 苗代川)에서 태어났다. 출생 당시 그의 이름은 박무덕(朴茂德)이었다. 나에시로가와는 임진왜란 당시 끌려온 조선인 도공이 집단으로 거주했는데, 그들은 사쓰마(薩摩)번의 보호로 조선의 전통과 문화를 유지하면서 도기의 장인으로 우대받았다.[154]

박무덕의 아버지 박수승(朴壽勝)은 도공이자 뛰어난 사업가였다. 그는 조선인 도공을 고용하여 도기를 제작·판매함으로써 부를 축적했다. 19세기 말 메이지유신으로 나에시로가와의 조선인 도공 보호정책이 없어지면서 그들은 생존을 위해 신분을 변경해야 했다. 박수승은 영민한 아들의 장래를 위해 도고(東鄕)라는 사족(士族)의 호적을 구입하여 성씨를 바꿨다. 그렇게 박무덕은 도고 시게노리가 됐다. 그는 도

도고 시게노리

쿄제국대학 독문과를 졸업한 후, 1912년 외교관 시험에 합격하여 외무성에 들어갔다.[155]

그는 주독대사를 거쳐 1941년 10월 도조 히데키(東條英機) 내각에서 외무대신이 됐다. 그는 외교 관료로서 미국과의 전쟁을 피하기 위해 노력했지만, 일본은 코델 헐 국무장관의 각서를 최후통첩으로 간주하여 개전결정을 내렸다. 해군은 선전포고 없는 기습공격을 원했지만, 도고는 해군을 설득했다. 결국 애매한 '대미각서'를 진주만 공격 20분 전인 12월 7일 오후1시(워싱턴 시간)에 전달하기로 결정됐다. 그러나 전술한 것처럼 이 각서는 진주만 공격 1시간 후 전달됐다.

도고는 1945년 4월 스즈키 간타로(鈴木貫太郎) 내각에서 다시 외무대신으로 입각했다. 그는 소련의 중개로 일본의 항복교섭을 진행했다. 그러나 미·영·소 3국은 이미 2월 얄타회의에서 소련의 참전을 합의한 상태였다. 일본은 미국의 원폭 투하와 소련의 참전으로 패망했다. 그는 군부를 설득하여 포츠담 선언을 수락하도록 했다. 일본의 패전 후, 그는 A급 전범으로 기소됐다. 그렇게 태평양전쟁의 패배를 마무리한 도고는 1953년 7월 스가모(巢鴨) 형무소에서 병사했다.

도고는 조선인 도공의 후예라는 이유로 많은 차별을 받았다. 중학교 시절부터 차별에 시달린 그는 공부에 전념했다. 그는 외교관 시험에 합격한 후 결혼을 약속한 명문가의 규수에게 파혼당하기도 했다. 독신으로 지내던 그는 37세에 독일인 이혼녀와 결혼했다. 그가 두 번째 외무대신이 됐을 때, "조선인 피를 가진 자가 대신으로 천황을 모시는 것은 부당하다"는 음해에 시달리기도 했다. 도쿄재판 도중 그가 조선인 출신이라는 사실이 언론에 대서특필되기도 했다.

그런 차별을 당하면서 도고 시게노리는 대신의 자리까지 올랐다. 그는 우수한 두뇌와 친화력으로 일본의 개전과 패전에서 적극적인 역할을 했다. 평생을 일본인으로 살아온 '조선인 도공'의 후예가 자신의 정체성을 얼마나 고민했는지는 알 수 없다. 그는 외교관 시험에 합격한 조선인 장철수(張徹壽) 과장에게 차별을 참고 노력하라고 격려하기도 했다. 그러면서도 그는 천황의 면책을 위해 끝까지 최선을 다한 일본의 외무대신이었다.[156]

특별한 인연과 운명

도고의 사위로 서양자(壻養子)가 된 도고 후미히코(東鄕文彦)도 외무성 차관과 주미대사를 지낸 고위 외교 관료였다. 그는 심의관 시절 김대중 납치 사건의 협상을 담당했고, 육영수 여사 저격 사건을 처리하기도 했다. 미국에서는 주한미군의 철수를 막기 위해 많은 노력을 기울였다. 박정희 대통령은 주일 한국대사를 통해 그에게 여러 번 그런 부탁을 했다고 한다. 그는 그렇게 한국을 특별히 사랑한 일본 외교관이었다.

손자인 도고 시게히코(東鄕茂彦)는 워싱턴포스트의 도쿄 특파원을 역임했고, 조부에 대한 전기『도고 시게노리의 생애』를 집필했다. 그 동생인 도고 가즈히코(東鄕和彦)는 네덜란드 대사를 거쳐 대학교수가 됐다. 도고 교수는 외교관으로서의 경험을 살려 일본의 외교와 대외정책에 신랄한 비평과 대안을 제시했다. 특히 그는 일본 총리의 야스쿠니 참배를 반대하여 화제가 되기도 했다.

나는 수년 전 제주도에서 열린 국제회의에서 도고 가즈히코 교수를 만날 기회가 있었다. 그가 외무성을 그만 둔 이유는 북방 영토(북방 4도, 남부 쿠릴열도) 문제에 대한 논란에 휩쓸렸기 때문이라고 알려져 있었다. 영토 문제에 대한 세션에서, 그는 독도 문제에 흥분하는 한국인의 심정을 충분히 이해한다면서 본인의 경험담을 들려줬다.

그는 국장이었을 때 '4도 일괄 반환'의 틀 내에서 '2도 우선 반환' 방안을 논의했다. 실제로 러일 양국은 1998년 4월 하시모토(橋本龍太郎) 총리와 옐친 대통령의 가와나(川奈) 정상회담에서 그 문제를 의제로 다루기도 했다. 그러나 정상회담에서 합의가 실패하고, 나중에 이 문제는 엄청난 정치적 후폭풍을 일으키게 된다. 그는 북방 영토가 일본에 중요한 영토 문제이기 때문에 그만큼 인화성이 높다는 것을 강조했다. 독도도 그런 맥락에서 생각해야 한다고 했다.

도고 교수의 국내 언론과의 인터뷰에 의하면, 당시 북방 영토

교섭이 문제가 되어 그의 동료는 구속되고 재판을 받았다고 한다. 그는 네덜란드에서 외무성 본부로 사직서를 보내고 오랫동안 귀국하지 않았다. 그는 5년 동안 망명 아닌 망명 생활을 하면서, "자신의 정체성과 국가의 의미에 대해 많이 고민했다"고 토로했다. 그럼에도 불구하고, 조부부터 3대가 외무성의 고위 관료로 일본을 위해 일한 자신은 "어쩔 수 없는" 일본인이라고 독백처럼 말했다. 그러면서 그는 한국에 뿌리를 둔 일본인으로서 한일관계를 통해 동북아의 평화가 정착되기를 바랄 뿐이라고 했다.[157]

나는 도고 집안 3대의 한국과 일본에 걸친 인연을 알고 나서 국가와 민족, 핏줄의 의미를 다시 생각했다. 조선인 도공의 후예가 3백여 년이 지난 후 일본의 엘리트 관료가 되는 과정, 일본의 침략과 패망의 역사에서 담당한 역할은 그 자체로서 드라마였다. 3대의 운명은 한국과 일본의 굴곡진 근현대사에 씨줄과 날줄로 얽혀 있었다.

나는 우리가 안고 있는 친일파 청산이나 과거사 문제를 이들의 운명과 함께 생각해봤다. 개인의 운명을 결정하는 것은 결국 그때의 시대적 상황일 수밖에 없는데, 그것을 후대에서 쉽게 평가하는 것이 정당한지 묻지 않을 수 없었다. 우리는 일본을 좀 더 거시적으로, 이런 역사적 과정을 이해하고 바라볼 필요가 있다.

27. 일본의 '태세전환'

반미에서 친미로

일본은 제국주의 침략의 연장선에서 무모한 대미 개전을 감행
했다. 전황이 불리해지자 가미카제로 저항했고, 막바지에는 죽창
으로 본토결전에 대비했다. '살아서 포로가 되지 말라'는 지침에 따
라, 수많은 병사들이 '천황폐하 만세'를 외치며 돌격하고 또 자결했
다. 미군은 일본의 처절한 항전으로 큰 피해를 입었다.

그러나 원폭 투하로 패전한 일본은 백팔십도 태도를 바꾸어 미
국에 복종했다. '귀축미영'(鬼畜米英)과 '일억옥쇄'(一億玉碎)의 철
저한 항전 주장은 전면적 '대미협조'와 '일억총참회'(一億總懺悔)로
일변했다.[158] 탈아입구(脫亞入歐)가 탈아입미(脫亞入美)로 바뀌었다
고도 했다.[159] 맥아더가 아쓰기(厚木)공항에서 숙소인 요코하마의
뉴그랜드호텔로 오는 동안, 부동자세의 일본군 외에 엎드려 절하
는 시민들도 있었다. 그것은 처절한 항전만큼이나 이상한 광경이
었다.[160]

'귀축'이라는 말은 '아귀'(餓鬼)와 '축생'(畜生)이라는 불교의 용
어를 합친 것으로, 교전 상대인 미국과 영국에 대한 적개심을 함축
하는 슬로건이었다. 일본은 그런 극단적인 슬로건을 '협조'와 '참
회'라는 표현으로 바꾸면서 변신을 시도했다. 일본의 '태세전환'은

국내외의 비난 여론 속에서 조롱거리가 됐다. 그러나 일본에 다른 대안은 없었다. 그것은 패전국의 생존을 위한 현실적 타협책이었을 뿐이다.

일본은 그렇게 반미에서 철저한 친미로 변신했다. 일본은 미군정이 끝나고 나서도 친미정책을 버리지 않았다. 동아시아를 지배했던 일본은 아시아에서 가장 강력한 미국의 동맹국이 됐다. 일본은 미일 안보 체제하에서 경제대국이 됐고, 경제력을 이용하여 아시아에서 다시 강대국이 됐다. 일본은 미국의 힘과 위상을 정확하게 알고 있었기 때문에, 친미 논란에도 불구하고 미일관계를 강화했다.

일본에서 친미와 반미에 대한 논란은 안보 문제와 관련하여 나타났다. 일본은 1946년 11월 평화헌법의 제정으로 군대와 교전권을 갖지 못하게 됐다. 미국과 일본은 1951년 9월 미일안보조약을 체결하여 동맹국이 됐다. 그런 과정에서, 사회당이나 공산당 등 야당과 반정부 세력은 친미정책을 강력하게 규탄하기도 했다. 1954년 7월 방위청이 출범하고 자위대가 창설되면서, 전국적으로 재군비 반대운동이 일어났다. 그리고 1960년 미일안보조약의 개정을 둘러싸고 격렬한 반대운동이 일어났다.[161]

그러나 이런 반미운동은 오래 가지 않았다. 일본 국민은 경제발전의 성과를 받아들이고 친미정책을 지지했다. 미일안보조약에 반대하여 '안보투쟁'과 전공투(全共鬪) 활동을 지지하던 학생들은 이념을 버리고 취직활동에 전념했다. 이들은 경제성장의 주역이 됐다. 전후 일본 국민이 그렇게 선택한 길은 옳았다. 이제 일본은 파이브 아이즈(five eyes)와 같은 앵글로 색슨계 국가를 제외하고 가장 친미적인 국가가 됐다. 일본은 "국제사회에는 영원한 적도, 친구도 없다"는 격언대로 국익을 위해 변신했을 따름이다.

일본의 사과, 미국의 사과

일본은 선전포고 없이 진주만을 기습 공격했다. 일본의 기습 공격에 분노한 미국은 이차대전 참전의 결정을 내렸다. 루스벨트 대통령은 의회에서 12월 7일을 치욕의 날로 기억하자는 유명한 연설을 남겼다. 미국 국민들은 "진주만을 기억하라!"는 슬로건하에 단결했다. 도쿄재판에서 미국의 키난(Joseph B. Keenan) 검사는 진주만 기습을 "선전포고 전의 대량학살"이라고 비난했다.[162]

진주만에 대한 기습 공격은 이렇게 미국의 분노를 샀다. 그것은 섬나라 일본이 비겁하게 미국에 가한 불의의 일격이었다. 전후에도 미국인은 반일 감정의 상징으로 "진주만을 기억하라!"고 외쳤다. 일본의 무역흑자로 양국관계가 악화됐을 때, 이 슬로건이 다시 등장하기도 했다. 미국의 중요한 동맹국이 된 일본은 어떤 형식으로든 이 문제를 정리해야만 했다.[163]

1994년 11월 21일, 결국 일본은 기습 공격으로부터 53년이 지난 후에야 잘못을 인정하고 공식적으로 사과했다. 외무성의 대변인은 "주미 일본대사가 1941년 12월 7일 미국 정부에 각서를 늦게 전달한 것은 지극히 유감이며 변명의 여지가 없다"고 사과했다. 그리고 "당시 일본이 이미 비준·공포한 개전조약 제1조에 따라 선전포고는 명확한 형식을 갖추어야 했다"고 하여, 대미각서가 선전포고로 불충분했다는 입장을 밝혔다.[164] 노무라 기치사부로(野村吉三郎) 주미대사의 지체된 대미각서 전달은 반세기가 지나서 그렇게 마무리됐다.

그러나 일본 정부는 진주만 공격의 정당성에 대해서는 언급하지 않았다. 개전에 대한 국제법 위반은 사과하지만, 전쟁의 정당성은 별개라는 입장이었다. 일본 사회는 집단에 대해 폐를 끼치면 안 된다는 책임 의식이 강하다. 그런 차원에서, 이는 일본 국민이 미국에 대해 갖는 수치심을 달래기 위한 것이라고 해석되기도 한다. 그래서 당시 사과문은 미국이 아니라 일본 국민을 상대로 발표됐다.

어쨌든 일본의 진주만 기습 공격에 대한 사과는 이렇게 불완전하게 마무리됐다. 전쟁의 책임과 사과 문제는 그렇게 정치적인 상황과 맥락에서 처리될 수밖에 없다는 것을 알 수 있다. 일본의 태평양전쟁에 대한 책임은 도쿄재판이라는 과정을 통해 정리됐고, 식민지 책임은 애매하게 처리됐다. 일본은 국제사회와 아시아 각국에 대해 몇 차례 태평양전쟁의 책임을 인정하고 사죄했다.

미국의 일본에 대한 핵무기 사용의 정당성도 전후에 논란이 됐다. 미국은 희생을 줄이기 위해 핵무기를 사용할 수밖에 없었다는 입장이었고, 일본은 패배가 임박했기 때문에 핵무기 사용은 불필요했다고 주장했다. 그러나 패전국이 승전국에 원폭 투하 같은 정치적 문제의 사과를 요구할 수는 없었다. 포로학대나 생체실험 같은 반인도적 전쟁범죄를 저지른 일본이 그렇게 주장하는 것은 정당하지도 적절하지도 않았다.

이와 관련하여, 1995년 클린턴 대통령은 트루먼의 원폭 투하 결정에 대해 중요한 발언을 남겼다. 그는 스미소니언박물관에서 열린 히로시마 원폭 투하기(投下機) '에놀라 게이'(Enola Gay)의 전시회에서 두 가지 질문을 받았다. 첫째는 미국이 일본에 대한 핵무기 사용을 사과할 의향이 있는지에 대한 것이고, 둘째는 트루먼의 당시 결정이 옳았는지에 대한 것이었다. 클린턴은 명쾌하게 첫째 질문에 대해 노(No)라고 답하고, 둘째 질문에 대해서는 트루먼이 직면한 상황을 고려하면 예스(Yes)라고 답했다. 클린턴은 미국 정부의 핵무기 사용에 대한 전통적 입장을 그렇게 분명히 밝혔다.[165]

2016년 5월 27일, 오바마 대통령은 현직 대통령으로서 처음 히로시마를 방문해 아베 총리와 함께 원폭 희생자들을 추모했다. 그는 군축과 비확산을 통한 핵무기의 폐지를 주장했지만, 미국의 히로시마에 대한 핵무기 사용은 사과하지 않았다.[166] 7개월 후인 12월 27일, 이번에는 아베 총리가 진주만을 방문해 오바마 대통령과 함께 애리조나 기념관에 헌화하고 희생자들을 추모했다. 일본의 진주만 기습 공격이나 침략전쟁에 대한 사과는 없었다. 미국과 일본의 두 정상은 이렇게 상호 방문을 통해 전쟁에 대한 책임 문제를 마무리했다. 그런 과정을 거치면서 양국은 굳건한 동맹관계를 재확인했다.

제10장

안보 지형의 변화

제10장 안보 지형의 변화

일본은 1853년 흑선(黑船)을 이끌고 우라가(浦賀)에 입항한 페리 제독의 요구로 문호를 개방했다. 일본은 1871년 이와쿠라(岩倉) 사절단을 구미에 파견했다. 일차대전에 참전하여 승전국이 된 일본은 '워싱턴 체제'를 존중하여 영미와 협조외교를 전개했다. 일본은 1931년 만주사변 이후 국제연맹 탈퇴, 중일전쟁, 태평양전쟁 등 '15년 전쟁'을 일으켜 패망했다. 일본은 샌프란시스코 평화조약과 미일안보조약의 체결로 국제사회에 복귀했다. 병인양요와 신미양요를 거쳐 쇄국정책을 강화한 조선은 1876년 병자수호조규로 문호를 개방했다. 일본에 병합된 한국은 미국의 태평양전쟁 승리로 해방됐다. 미국의 도움으로 북한의 침략을 물리친 한국은 한미상호방위조약의 체결 후 미국의 지원과 청구권 자금으로 눈부신 경제성장을 이루었다. 한미동맹은 문재인 정부의 외교 실책으로 많이 흔들렸지만, 정권 교체로 다시 제자리를 찾고 있다. 북핵 위기의 극복을 위해 한일 양국은 미국과 함께 공조하지 않으면 안 된다.

28. 미일동맹

거대한 '근대'와의 조우, 페리의 '흑선'

일본의 '근대'는 매튜 페리(Matthew C. Perry) 제독이 이끄는 '흑선'(黑船)의 일본 방문으로 시작됐다. 당시 쇄국정책을 펴던 일본의 막부는 1854년 3월 미국과 가나가와조약(미일화친조약)을 체결하여 개국을 단행했다. 이를 계기로 쇄국이 끝나고, 서양의 문물과 제도가 본격적으로 일본에 유입되었다. 일본은 쇄국 중에도 나가사키 앞 바다의 데지마(出島)를 통해 네덜란드와의 교류는 허용하고 있었다. 그러나 그것은 제한적 개방정책으로서, 전면적 개국과는 거리가 멀었다.

미국은 1848년 멕시코전쟁의 승리와 캘리포니아에서의 금광 발견을 계기로 본격적으로 서부 개척에 나섰고, 이어서 태평양 항로의 개척에도 나섰다. 미국은 일본을 개국시켜서 아시아로의 진출을 위한 교두보를 확보하려고 했다. 필모어(Millard Fillmore) 대통령은 멕시코전쟁에 참전했던 페리를 동인도함대의 사령관에 임명하여 그 임무를 맡겼다.

1853년 7월 페리 제독은 4척의 군함을 이끌고 일본의 우라가(浦賀)에 도착했다. 막부는 개국을 요구하는 필모어의 친서를 받았으나 즉답을 피했다. 그러나 페리는 이듬해 군함 7척을 이끌고 다시 일본으로 와서 개국을 요구했고, 일본은 페리의 위세에 굴복하여 가나가와조약을 체결했다. 당시 페리 함대의 군함은 부식의 방지와 방수를 위해 검은 타르를 칠했기 때문에 '흑선'이라고 불렸다.

일본은 거대한 증기선의 규모와 무력에 압도되어 강제적으로 문호를 개방해야 했다. 일본의 선박은 왜구가 중국과 조선의 해안을 약탈할 정도로 항해능력이나 감항성(堪航性)이 뛰어났지만, 산업혁명으로 기계화되고 강력해진 서구의 함대를 당해 낼 정도는 아니었다. 중국이 아편전쟁으로 서구 열강에 유린당하는 것을 본 일본으로서는 미국의 요구를 수용할 수밖에 없었다.

일본은 미일화친조약을 체결한 후 영국, 러시아, 네덜란드와도 동일한 내용의 화친조약을 체결했다. 그렇게 해서 일본은 서구 열강이 구축한 국제사회의 일원이 되었다. 그러나 일본은 중국이나 인도와 같이 반식민지 내지 식민지로 전락하지 않았다. 오히려 일본은 메이지유신으로 부국강병을 달성하여 아시아의 강대국이 됐다. 조선은 일본에 의해 1876년 병자수호조규로 개국했다. 당시 서구 열강이 아닌 아시아의 국가로서 근대화에 성공한 국가는 일본이 유일하다.

메이지유신의 성공을 위해 일본은 1871년 10월 대규모의 '이와쿠라'(岩倉) 사절단을 구미에 파견하여 선진국의 제도를 직접 배워오게 했다. 사절단에는 대표인 이와쿠라 도모미(岩倉具視)를 비롯하여 오쿠보 도시미치(大久保利通), 기도 다카요시(木戸孝允), 이토

히로부미(伊藤博文) 등 정부의 핵심 세력이 참가했다. 사절단은 47
명의 수행원과 59명의 유학생을 포함하여 모두 106명의 대규모로
구성됐다.[167]

이와쿠라 사절단의 목표는 선진 제도의 학습과 시찰 외에 일본
이 체결한 불평등 조약의 개정 문제도 포함돼 있었다. 그러나 사절
단은 첫 방문지 미국에서 국제법 지식의 부족으로 조약의 개정을
포기하고, 그 임무를 유럽 각국에서의 선진 문물과 제도의 견학에
집중했다. 사절단은 프로이센의 강력한 부국강병 정책과, 영국의
철과 석탄을 이용한 산업혁명과 근대 자본주의의 발달을 배웠다.

이와쿠라 사절단은 1873년 9월에 일본으로 귀국했다. 2년 동안
많은 예산을 들여서 임무를 수행한 사절단의 성과는 일본의 문명개
화에 크게 도움이 됐다. 그것은 한국이나 중국은 생각하지도 못한
적극적인 근대화의 수용이었다. 일본은 그렇게 서구 열강과 어깨
를 나란히 하며 한국과 중국에 대한 제국주의 침략에 나섰다.

워싱턴 체제와 15년 전쟁

일본은 일차대전에 편승하여 승전국이 되었다. 유럽에서 협상
국(Triple Entente: 프랑스, 러시아, 영국)과 동맹국(Triple Alliance: 독일,
오스트리아-헝가리)이 미증유의 희생을 치르면서 전쟁을 하는 동안,
일본은 제대로 싸우지 않고 협상국 측에서 전리품만 차지했다. 일

본은 주로 독일이 아시아·태평양 지역에서 갖고 있던 영토와 이권을 획득했는데, 특히 중국에 가혹한 요구를 함으로써 국제사회의 비난을 받았다.

일본은 영일동맹을 핑계로 1914년 8월 독일에 선전포고를 했다. 일본은 중립을 선언했던 중국의 항의를 무시하고 산동반도를 침공하여 청도와 산동철도를 점령했다. 독일의 남태평양 도서인 남양군도도 침공하여 획득했다. 그러나 일본은 영국이 요청한 일본군의 유럽 파병을 거절했다. 그 대신, 남양군도와 산동성에서의 독일의 권익을 인정해줄 것을 조건으로, 일본은 1917년에 소함대를 지중해와 인도양에 파견했다.

산동성 일대를 점령한 일본은 중국의 철수 요구를 무시하고 오히려 1915년 1월 중국에 대해 21개조를 요구했다. 21개조는 산동성에 있는 독일 권익의 승계, 남만주 및 동부 내몽고에서의 우선적 권익의 강화, 일본인의 철도·광산 경영의 인정, 중국 연안 항만도서의 타국에의 할양 금지, 정치·재정·군사 분야에서 일본인 고문의 채용 등의 내용으로 구성됐다. 중국에서는 일본의 21개조에 대한 반발로 1919년 5·4운동 등 반일운동이 확산됐다.

일본은 일차대전에 늦게 참전한 미국과 1917년 11월 랜싱·이시이(Lansing-Ishii) 협정을 체결했다. 그 내용은 미국은 일본의 중국에 대한 '특수 권익'을 인정하고, 일본도 미국이 요구하는 중국에 대한 '문호개방과 기회균등'을 인정한다는 것이었다. 1905년 러일

전쟁 후 갈등을 벌였던 미일 양국은 이 협정으로 일단 중국에 대한 서로의 이해관계를 정리했다. 그러나 그 합의는 이해관계에 따라 언제든지 변할 수 있는 '잠정적' 현상유지(status quo)였다.

일차대전의 종료 후, 1921년 11월부터 1922년 2월까지 워싱턴에서 아시아·태평양지역의 질서와 군축을 논의하는 회의가 개최되었다. 미국, 영국, 프랑스, 일본은 1921년 12월에 4개국조약으로 도서지역에 대한 현상유지를 인정했다. 이 조약으로 영일동맹이 종료됐다. 이 4개국을 포함하여 이태리, 벨기에, 네덜란드, 포르투갈, 중국 등은 1922년 2월 9개국조약을 체결하여 중국의 주권존중과 문호개방에 합의했다. 일본의 21개조 요구는 철폐되고, 랜싱·이시이협정도 폐기됐다. 해군군축조약에 의해 미국, 영국, 일본의 주력함의 비율은 5 : 5 : 3으로 정해졌다.

워싱턴회의의 결과, 미국의 입장은 강화되고 일본의 입지는 좁아졌다. 일본은 중국에서 군사적으로 후퇴했다. 일본은 국공내전이 진행되는 동안 산동반도에 파병하기도 했지만, 원칙적으로 '워싱턴 체제'를 존중하여 영미 양국과 '협조외교'를 전개했다. 그러나 중국에서 국공내전의 격화와 일본이 일으킨 장쭤린(張作霖) 폭살 사건, 만주사변의 발발로 10년간 지속된 '워싱턴 체제'는 끝났다.

1931년 9월의 만주사변 이후, 일본은 1차 상해사변, 만주국 건국, 국제연맹 탈퇴, 워싱턴 군축조약의 폐기, 런던 군축회의 탈퇴를 통해 국제사회로부터 점점 고립되어 갔다. 그리고 일본은 1937년

7월 중일전쟁을 일으킨 후, 2차 상해사변, 난징 대학살, 장고봉 사건, 노몬한 전투를 통해 군국주의 침략전쟁을 확대했다. 일본은 마침내 1941년 12월 진주만 기습 공격으로 미국과의 태평양전쟁에 돌입했다. 만주사변 이후 태평양전쟁의 패전까지 일본의 전쟁을 '15년 전쟁'이라고 부른다.

미일 양국의 협조 체제

일본은 미국의 요구로 문호를 개방했고, 미국의 도움으로 근대화를 달성했다. 또한 태프트·가쓰라 밀약으로 한국을 병합했다. 일본은 21개조에 대한 미국의 반대로 궁지에 몰렸으나, 워싱턴 체제와 협조외교로 실리를 챙길 수 있었다. 그러나 군부는 워싱턴 체제와 런던 군축회의에 반대하여 정치인을 암살하고 쿠데타를 감행했고, 일본은 침략전쟁에 나설 수밖에 없었다. **일본은 미국과의 협조와 대립 관계의 반복을 통해 침략전쟁을 일으키고 패배했다.**

일본이 워싱턴 체제를 유지했거나, 만주를 지배한 상태에서 팽창을 멈추었다면, 아시아의 역사는 달라졌을 것이다. 실제로는 전술한 것처럼 군국주의 파쇼 체제가 브레이크 없는 기관차가 되어 패망을 향해 폭주했고, 그 덕분에 한국은 해방될 수 있었다. 일본의 패망은 국력을 과신한 군부의 광기와 이를 지지한 국민의 잘못된 판단의 결과였다. 포츠머스조약에 대한 반대로 일어난 '히비야 폭동 사건'은 일본 군국주의의 출발점이 되었다.

패전 후, 일본은 같은 실수를 되풀이하지 않았다. 포츠담 선언의 무조건 항복을 수락한 일본은 철저하게 미국의 통치에 협조했다. 미국의 점령 정책의 목표는 군국주의의 해체와 민주주의의 확립이었다. 미국은 소련을 포함하는 전면강화를 포기하고 단독강화를 추진하여, 1951년 9월 일본과 샌프란시스코 평화조약과 미일안보조약을 동시에 체결했다.

미군은 미일안보조약으로 법적 지위가 점령군에서 주둔군으로 변경되어 계속 일본에 남았다. 주일 미군은 극동 아시아의 평화 유지, 일본에 대한 무력공격이나 일본 내의 내란의 진압 같은 임무를 수행하고, 타국 군대는 미국의 동의 없이 일본에 주둔할 수 없다는 내용이 조약에 규정됐다. 조약 규정에 따라 1952년 2월 미일행정협정이 체결되어, 일본은 미군 기지의 제공과 방위비 분담 의무를 지게 됐다.

미일안보조약은 일방적이고 애매한 내용 때문에 일본 국내에서 반대가 심했다. 1957년 2월 취임한 기시 노부스케(岸 信介) 총리는 이 문제를 해결하기 위해 미국과 조약의 개정 협상에 나섰다. 결국 양국은 1960년 1월 새로운 안보조약과 행정협정을 체결했다. 신안보조약은 경제협력의 촉진, 방위능력의 유지와 발전, 조약의 실시에 대한 협의, 공동방위 의무, 미군 기지의 제공, 유엔헌장 의무의 존중 등의 내용을 담았다.

신안보조약의 체결을 전후하여 야당과 학생, 노동자를 중심으로 전국적인 반대운동이 일어났다. 군사조약의 체결로 일본의 대미종속이 강화되고, 일본의 안보가 위협받는다는 것이 반대의 논리였다. 군국주의 전쟁과 피폭을 경험한 많은 국민들이 '안보투쟁'에 동조했다. 그러나 일본의 경제가 비약적으로 성장하면서 안보투쟁의 열기는 사그라졌다. 경제성장의 과실을 누린 국민들은 자민당의 장기 집권에 찬성했다.

한국에서도 1965년 한일조약 체제의 출범을 전후하여 엄청난 반대가 일어났다. 일본의 안보투쟁 못지않은 반일운동이 전국적으로 확산되었다. 그러나 한국이 고도의 경제성장을 이루면서 자연히 국내의 반일운동도 가라앉았다. 다만 그 이후 한일관계는 미일관계와 달리 완전히 개선되지 않았다. 대립과 협조를 반복하면서 굳건한 동맹관계를 정립한 미국과 일본의 외교는 국제정치의 현실을 그대로 반영한다.

29. 한미동맹

근대화의 실패

조선도 일본처럼 문호를 개방할 수 있는 기회가 몇 번 있었다. 대원군이 집권했을 때 발생한 병인양요(丙寅洋擾)와 신미양요(辛未

洋擾)가 대표적인 기회였다. 프랑스군과 미군은 1866년 10월과 1871년 6월에 각각 강화도를 공격하여 문호개방을 요구했다. 두 나라의 공격으로 조선은 큰 타격을 받았다. 그러나 조선은 문호를 개방하지 않고 오히려 쇄국정책을 강화했다.

병인양요는 대원군의 천주교 박해로 발생한 병인사옥(丙寅邪獄)이 직접적인 원인이 되었다. 프랑스군은 자국 선교사의 살해에 대한 보복으로 강화도를 점령했다가, 정족산성 전투에서 패한 후 철수했다. 프랑스군은 강화도의 군사시설을 파괴하고 외규장각 의궤(儀軌) 등 문화재와 은괴를 약탈해 갔다.

신미양요는 미국이 1866년 8월의 제너럴 셔먼호 사건의 책임 규명과 통상을 요구하기 위해 일으킨 사건이다. 미군은 광성보 전투에서 압도적인 무력으로 조선군을 전멸시켰다. 그러나 조선이 계속 교섭에 응하지 않자, 미군은 일방적으로 포로를 석방하고 퇴각해버렸다.

조선과의 교류를 위해 5척의 군함을 파견했던 미국의 포함외교(砲艦外交, gunboat diplomacy)는 아무런 성과 없이 실패로 끝났다. 1853년 일본에서 포함외교가 성공한 것처럼, 미국은 조선도 적절한 선에서 문호를 개방시킬 수 있을 것이라고 생각했다. 그러나 조선 정부의 입장은 완강했다. 조선은 미군의 철수를 자신의 승리로 간주했다. 문명개화를 거부한 대원군은 척화비를 세워 문을 더 걸어 잠갔다.

조선은 일본의 개국 요구에 비로소 문호를 개방했다. 일본은 1873년 12월 대원군이 물러난 후 조선에 본격적으로 개국과 통상을 요구했다. 조선이 이에 응하지 않자, 일본은 1875년 9월 운요호(雲楊號)를 강화도로 보내 무력시위를 벌이고 포격을 가했다. 큰 피해를 입은 조선은 1876년 2월 병자수호조규를 체결할 수밖에 없었다. 두 번의 양요와 달리 조선은 무기력하게 일본에 굴복했다.

일본은 조선의 개국으로 침략의 서막을 올렸다. 프랑스나 미국이 일본보다 먼저 문호를 개방시켰더라도 결과는 마찬가지였을 것이다. 조선은 중국처럼 큰 나라가 아니었고, 서구 열강이 전력을 다해 침략할 만한 경제적 유인도 적었다. 그 반면 일본은 대륙 침략의 전초 기지로 조선이 필요했다. 조선의 집권층은 나라 밖의 변화에 대응할 능력이 없었다. 성리학이라는 탁상공론에 찌든 무능한 정치인들은 일본의 근대화를 이끈 개국공신들과 너무 달랐다.

분단과 전쟁

한국은 해방과 함께 분단됐고, 독립 후 얼마 지나지 않아 한국 전쟁이 발발했다. 미국은 북한의 남침이 시작되자 바로 참전을 결정했다. 해리 트루먼(Harry Truman) 대통령은 유엔 안전보장이사회를 소집해서 북한을 침략자로 규정하고, 회원국이 한국을 지원하도록 요청했다. 미국을 포함한 16개국은 전투 병력을 파견했고, 스

한국전쟁 참전을 결정한 해리 트루먼

웨덴 등 5개국은 의료 지원부대를 보냈다. 기타 많은 국가들이 물자 지원에 나섰다.

트루먼 대통령의 신속한 결정으로 한국은 북한의 남침을 저지할 수 있었다. 16개국이 유엔군으로 북한과 싸웠지만, 실질적으로는 미국이 북한과 중국에 맞서 한국을 지켰다. 트루먼 대통령의 결단이 없었다면, 한국의 공산화는 막을 수 없었을 것이다. **일본을 격퇴하고 한국을 해방시킨 미국은 다시 한국을 북한의 침략으로부터 구했다.**

미국은 왜 많은 희생을 치르면서 한국을 지켰을까? 이차대전이 끝나고 5년이 채 지나지 않은 시점에 다시 전쟁에 뛰어든다는 것은 미국으로서 쉬운 결정이 아니었다. 더구나 소련도 1948년 9월에 이미 핵무기를 개발한 상태여서, 한국전쟁은 자칫하면 핵전쟁으로 확대될 위험도 있었다.

실제로 트루먼은 한국전쟁에서 핵무기의 사용을 고려했다. 이는 기존의 분석과 다른 내용이다. 맥아더가 중공군의 남진을 막기 위해 핵무기의 사용을 주장했고, 트루먼이 이를 반대했다고 오랫동안 알려져 왔다. 그렇게 맥아더는 트루먼에게 항명했고, 결국 퇴역할 수밖에 없었다는 것이 정설이었다.

그러나 비밀 해제된 최근의 국무부 문서는 당시 상황을 다르게 전한다. 트루먼은 한국전쟁의 초창기에 국방부의 핵무기 사용 권고를 거절했지만, 중공군의 참전 후 11월 말부터 적극적으로 이를 검토했다. 맥아더의 극동군 사령부는 중공군의 격퇴를 위해 120개의 핵무기가 필요하다는 결론을 내렸다. 1951년 4월 맥아더가 해임되기 직전, 트루먼은 괌에 핵무기를 전진 배치했다.[168]

핵전쟁의 가능성에도 불구하고 미국이 한국전쟁에 참전한 것은 공산주의의 확산을 막기 위해서였다. 국공내전에서 승리한 중국 공산당은 1949년 10월 중화인민공화국을 건국했다. 중국대륙에서 패배한 장제스의 국민당은 대만으로 쫓겨나 중화민국의 명맥을 유지했다. 냉전이 확산되는 가운데, 한반도가 공산화되면 일본도 위험해지고, 그렇게 되면 아시아·태평양지역에서 미국의 영향력이 약화될 상황이었다.

트루먼은 캔자스 시티(Kansas City)에서의 휴가를 중단하고 워싱턴으로 돌아오면서 다음과 같이 결심했다.

"민주주의 국가가 행동하지 않으면, 침략자들은 결코 멈추지 않는다. 자유세계가 공산주의자들의 한국 침략을 막지 못하면, 어떤 약소국도 공산주의 강대국의 침략과 위협에 맞설 용기를 갖지 못할 것이다. 이차대전이 그랬듯이, 이번 사태도 막지 못하면 삼차대전이 될 것이다."[169]

6월 25일 저녁 블레어 하우스(Blair House)에서 긴급 대책회의가 열렸다. 딘 러스크(Dean Rusk) 차관보는 "5년 동안 한국을 통치한 미국은 특별한 책임이 있으며, 공산화된 한반도는 일본을 겨누는 단검(dagger)이 될 수 있다"고 했다. 오마르 브래들리(Omar Bradley) 합참의장은 공산주의자의 침략을 반드시 한국에서 막아야 한다고 했다. 참석자들은, 소련이 북한의 뒤에서 침략을 조종하고 있기 때문에, 미국이 이를 막아야 한다는 데 공감하고 만장일치로 찬성했다.[170]

미국의 참전은 그렇게 결정됐다. 미국의 처음 목표는 유엔의 결의에 따라 북한을 38선 이북으로 몰아낸다는 것이었다. 미군은 전면전이 아닌 제한전을 수행하려고 했다. 일진일퇴의 치열한 공방 속에 전쟁의 목표는 흔들렸지만, 결국 1953년 7월 휴전협정으로 전쟁이 끝났다. 공산주의의 침략은 한반도의 중간에서 저지됐다.

흔들리는 안보

이승만 대통령은 휴전 협상의 막바지까지도 휴전에 반대했다. 그는 엄청난 희생을 치르고 전쟁 전과 비슷한 상태로 휴전한다는 것을 납득하지 못했다. 그러나 미국의 목표는 북진통일이 아닌 전쟁 전 상태의 회복이었다. 아이젠하워 대통령과 미국의 여론도 조속한 전쟁의 종결을 원했다.

이승만은 한미 양국이 방위조약을 체결해야 한다고 주장했다. 미국은 정전협정의 서명 전에 방위조약을 체결하면 휴전 협상이 실패할 수 있다며 난색을 표명했다. 이승만은 6월 18일 전격적으로 반공포로를 석방했다. 미국은 할 수 없이 방위조약의 체결을 약속하고, 7월 27일 정전협정에 서명했다. 10월 1일 변영태 외교장관과 덜레스 국무장관이 워싱턴에서 한미상호방위조약에 서명했고, 조약은 다음해 11월 18일 정식으로 발효했다.

조약은 전문과 6개 조문으로 구성됐다. 국제분쟁의 평화적 해결, 무력공격에 대한 조치와 조약의 이행, 공동의 위험에 대한 대처와 헌법절차에 따른 행동, 미군의 한국 주둔, 비준, 유효 기간 등이 그 내용이다. 헌법절차를 규정한 제3조 때문에 미군의 자동개입이 담보되지 않는다고 지적되기도 한다. 그러나 미일안보조약에도 유사한 헌법절차 규정이 있다. 그에 비해 북대서양조약에는 그런 제한이 없다. 미국은 방위공약과 연합훈련으로 한국과 일본에 대한 집단적 자위권을 보장했다.

한국은 한미동맹으로 북한의 위협을 억제하고 한반도의 평화를 유지해왔다. 그런 한미동맹을 뒷받침한 것은 한미상호방위조약과 미국의 분명한 방위공약이었다. 국방의 부담을 상대적으로 덜은 한국은 눈부신 경제성장을 이룰 수 있었다. 미국의 지원과 일본의 청구권 자금은 경제성장의 마중물이 되었다. **미국의 도움으로 독립하고 북한의 침략을 물리친 한국은 그렇게 한미동맹으로 경제 강국이 되었다.**

그러나 한미동맹과 한국의 안보는 냉전의 종식 후 크게 흔들렸다. 독일의 통일이나 소련의 해체와 같은 평화가 한반도에도 실현될 것으로 기대됐지만, 현실은 달랐다. 1991년 한반도에서 전술핵이 철수되고 비핵화 공동선언이 이루어졌지만, 북한은 체제 유지를 위해 전력을 다해 핵개발에 매진했다. 2000년 6월 남북 정상회담 이후 조성된 화해 무드와 햇볕정책으로 상징되는 대북포용정책은 결국 실패로 돌아갔다.

북한은 1차 및 2차 연평해전, NPT 탈퇴, 천안함 폭침, 연평도 포격, 개성공단 폐쇄, 남북공동연락사무소 폭파, 해수부 공무원 사살 등 도발을 멈추지 않았다. 북한은 비핵화 공동선언, 제네바합의, 9·19 공동성명, 2·13 조치, 10·3 합의 등 비핵화에 대한 약속과 합의를 모두 지키지 않았다. 그렇게 해서 북한은 2006년 10월부터 2017년 9월까지 6회의 핵실험을 통해 핵개발을 완료했다. 그 동안 북한은 끈질긴 대외협상과 벼랑 끝 전술의 반복을 통해 흔들림 없이 핵개발을 진행했다.

클린턴 대통령의 '제네바합의'(agreed framework), 부시 대통령의 '6자회담'(six-party talks), 오바마 대통령의 '전략적 인내'(strategic patience) 그리고 트럼프 대통령의 '미치광이 전략'(madman strategy)까지 미국의 협상 전략도 모두 실패했다.[171] 미국과 북한은 싱가포르 정상회담에서 북한의 비핵화에 합의했으나, 그것은 실질적인 내용이 없는 형식적 합의가 됐다. 하노이 회담도 실패했다. 북한은 영변 냉각탑 폭파와 유사한 풍계리 핵실험장 폭파로 제재의 해제를 요구했지만, 미국과 국제사회는 들어주지 않았다.

문재인 대통령의 재임 시 한미동맹은 위기를 맞았다. 그는 햇볕정책에 이은 달빛정책으로 북한에 대한 제재의 해제를 국제사회에 끊임없이 요구했다. 그는 평창 올림픽과 판문점 회담을 시작으로 고집스럽게 북한을 지지했다. 한미동맹을 무시하는 발언도 서슴지 않았다. 안보를 비즈니스로 본 트럼프도 마찬가지였다. 그는 방위비 분담금의 대폭 인상을 요구하고 한미 연합훈련을 중단했다. 다행히 한미 양국의 정권이 교체되면서, 한미동맹은 더 이상 악화되지 않고 다시 회복되기 시작했다.

30. 한미일 공조

북핵 위기의 해결

북한의 비핵화가 불가능해지면 한국은 어떻게 해야 하는가? 한국의 북핵에 대한 소극적 방어태세는 효과적이지 않다. 킬 체인(Kill Chain)이나 한국형 미사일방어체계(KAMD) 또는 대량응징보복체계(KMPR) 등 이른바 '3축 체계'로는 북한의 핵미사일에 제대로 대응할 수 없다. 미사일을 발사 이전에 탐지해서 격퇴하거나, 발사된 미사일을 탐지해서 요격할 수 있는 확률은 아주 미미하다. 상식적으로 판단하면, 핵무기에 대한 확실한 대응수단은 핵무기뿐이다. 서로의 핵무기로 '공포의 균형'(balance of terror)을 이룰 때 진정한 억지력이 확보된다.

한국은 '독자적 핵무장'이나 '전술핵 재배치' 또는 '핵무기 공유'를 통해 핵억지 능력을 갖출 수 있다. 그런데 전술핵의 재배치나 핵무기 공유는 미국의 동의가 있어야 실현될 수 있다. 한국의 독자적인 핵무장도 마찬가지다. 핵확산방지조약(NPT)이나 국제원자력기구(IAEA)의 규제와 제한도 있고, 한미원자력협정의 제약도 있기 때문이다. 이를 극복하기 위해서는 NPT의 탈퇴나 조약의 이행정지와 같은 정책적 결단을 내리고 미국을 설득해야 한다.[172]

그러나 일본의 핵무장이 실현되면 사정은 달라진다. 일본은 독자적으로 신속하게 핵무장에 나설 수 있는 능력을 가지고 있다. 일본의 잠재적 핵무장 능력은 한국보다 앞서 있다. **일본은 수십 년 동안 미국의 원조와 묵인으로 핵무장 능력을 키워왔다.** 일본은 1988년의 미일원자력협정에 의해 핵연료의 재처리도 가능한 상황이다. 핵무기를 갖지 않은 국가 중에서 미국이 사용후 핵연료의 재처리를 허가한 국가는 일본뿐이다. 당시 미국은 소련과 중국을 견제하기 위해 그런 결정을 내렸다.

일본이 핵무장을 결정하면 한국도 핵무장에 나설 수밖에 없다. 주변국이 모두 핵무장한 상태에서 홀로 비핵무기국으로 남는다는 것은 맨손으로 사자 우리에 던져지는 것이나 다름없다. 개인은 종교적 신념으로 순교할 수 있겠지만, 국가는 그렇게 생존을 포기할 수 없다.

물론 일본 정부가 그런 정치적 판단을 내리더라도, 국내적 반발을 잠재우기는 쉽지 않을 것이다. 국민들은 과거의 '안보투쟁'보다 더 강력하게 핵무장에 반대할 수도 있다. 세계 유일의 피폭국이라는 경험은 일본 국민들에게 치유하기 힘든 트라우마가 되었다. 일본은 한국과 마찬가지로 핵확산방지조약과 국제원자력기구의 규제를 해결해야 할 뿐 아니라, 비핵 3원칙이라는 국내정책을 변경해야 하는 부담도 안고 있다.[173]

6자 상호확증파괴의 균형

그러나 미국의 '확장억지'가 약화된다면 사정은 달라진다. 지금은 미일안보가 군건하지만, 미국이 군사적 부담을 감당하기 힘들게 되면 핵우산은 찢어질 수도 있다. 그러면 독자적 핵억지력이 없는 일본은 중국과 북한의 위협에 시달리게 되고, 그런 상황에서 생존의 문제에 직면할 수 있다. 결국 북한의 비핵화가 성공하지 못하면, 미국의 확장억지력의 변화에 따라 일본의 핵무장은 가능해질 수 있다.[174]

그렇게 한국과 일본의 핵무장이 실현되면, 동북아의 안보질서는 새롭게 재편될 것이다. 미, 중, 러, 일, 남북한 등 6개국이 핵무기로 특정 국가를 서로 위협할 수 없는 힘의 균형 상태가 확립되는 것이다. 이는 '6자 상호확증파괴의 균형'(six-way balance of mutually assured destruction) 상태라 부를 수 있다. 북핵 문제의 해결을 위해 협상에 나섰던 6개국은 모두 핵무기를 갖는 균형적인 상황에 놓이게 된다.

동북아에서의 '6자 상호확증파괴의 균형'은 미국에도 낯설지 않다. 현재 유럽에서는 미국, 러시아, 영국, 프랑스 4개국의 상호확증파괴의 균형이 이루어졌다. 북대서양조약기구와 마찬가지로, 한국과 일본도 미국이 주도하는 동북아의 동맹질서 안에 남을 수 있다. 그렇게 되면, 3대 핵강대국을 포함한 6개국 간의 상호확증파괴

의 균형이 동북아에 안정적으로 정착되는 것이다.[175]

동북아에서 '6자 상호확증파괴의 균형'이 달성되면, 오히려 긴장은 완화되고 화해 무드가 조성될 수 있다. 이차대전 후 미소관계가 그랬듯이, 강대국의 분쟁이나 남북한의 갈등이 전쟁으로 비화할 가능성은 매우 낮아진다. 남북한은 불확실한 통일을 서두를 필요도 없고, 평화적으로 공존할 수 있다. 독일의 통일도 유럽에서 강대국들 간의 상호확증파괴의 균형이 이루어지고 오랜 시간이 지난 후에 달성되었다. 동북아에서 그런 균형에 도달하는 과정은 순탄하지 않겠지만, 그것은 일단 확립되면 안정될 것이다.[176]

케네스 월츠나 존 미어샤이머 같은 신 현실주의 국제정치학자들은 일본의 핵무장 가능성을 예측하고 또 찬성해왔다.[177] 헨리 키신저는 북한이 핵을 포기하지 않으면 한국은 물론이고 일본도 핵무장을 할 수밖에 없다고 주장했다.[178] 트럼프 대통령도 당선되기 전에 한국과 일본의 핵무장을 허용할 수 있다고 언급했다. 미국의 입장에서 볼 때, 그런 정책을 통해 방대한 국방비를 절감할 수 있다는 이점도 있다.

확장억지력의 분담

동맹국의 확장억지력 분담으로 미국은 국방예산뿐 아니라 병력도 감축할 수 있다. 미국은 확장억지의 제공으로 직접적인 무력충

돌의 리스크를 감수해왔다. 동맹국을 핵무기로 공격한 국가에 미국이 핵무기로 반격하게 되면, 이론적으로는 미국도 핵으로 보복당할 수 있을 것이다. 그런 상황에서 미국의 동맹국에 대한 방위공약은 미국이 감당할 수 있는 수준을 넘게 된다.

또한 동북아에서 핵무기를 수반하지 않는 무력충돌이 발생하더라도, 미국이 즉각 분쟁에 개입할 수 있을지는 불분명하다. 예컨대, 센카쿠열도에서 발생하는 중국과 일본의 저강도 분쟁에 미국이 전면적으로 개입할 가능성은 높지 않을 것이다. '덜 중대한 형태의 무력행사'(less grave forms of the use of force)는 국제법상 허용되는 자위권의 행사 대상인 '무력공격'(armed attack)이 아니기 때문이다.[179] 그런 경우, 국가는 '대항조치'(countermeasures)와 같은 자력구제에 직접 의존할 수밖에 없으며, 그것은 비례성의 원칙에 어긋나지 않아야 한다.[180]

물론 한국이나 일본이 한미상호방위조약이나 미일안보조약에 규정된 무력공격을 받으면, 미국은 그에 개입해야 할 국제법적 의무를 진다.[181] 다만, 그런 국제법적 의무의 부담과 현실적 이행이 항상 일치하는 것은 아니다. 미국이 집단적 자위권을 발동하여 한국과 일본을 방어할 수 있는 상황은 아주 특수한 경우가 된다. 따라서 미국의 적극적 개입이 필요한 무력분쟁의 상황은 매우 제한적이라고 할 수 있다.

이런 사정을 고려하면, **능력이 되는 동맹국은 미국의 확장억지**

력을 분담할 필요가 있다. 한국과 일본은 미국과 안보 비용을 분담할 수 있는 능력을 갖추고 있다. 한국의 경제 규모는 북한 경제의 50배를 넘고, 인구는 2배를 넘는다. 일본의 경제 규모는 한국의 3배 가까이 되므로 상대적 비교가 가능하다. 이런 한국과 일본이 동북아에서 안보 비용을 분담하지 않는 것은 전략적인 면에서 매우 비효율적이다.

핵확산은 핵무기 사용의 잠재적 가능성을 높인다. **그러나 한국과 일본의 핵무장은 적대국에 대한 동맹국의 핵억지력 강화라는 장점이 있다.** 미국은 한일 양국의 핵무장을 허용함으로써, 중국과 북한의 위협에 맞서 강력한 핵억지력을 구축할 수 있다. 한국과 일본의 핵무장이 실현되면, 설령 북한이 양국을 핵무기로 위협·공격하더라도 미국은 북한과 핵무기로 직접 대결하지 않아도 된다. 따라서 미국으로서는 한일 양국에 핵우산을 제공하는 것보다 '**우호적 핵확산**'을 허용하는 것이 훨씬 더 안전하고 또 효과적이다.

이미지 갭의 조정

한국과 일본은 북한의 핵무기라는 공동의 위협에 직면해 있다. 북한의 미사일은 수차례의 실험을 거쳐 미국도 위협하는 수준에 도달했다. 북한은 체제 유지를 위해 핵무기와 미사일을 절대 포기하지 않겠다는 입장을 분명히 하고 있다. 북한은 2012년 핵보유국의 지위를 헌법에 명시한 데 이어, 2022년 9월 공세적 핵무기 사용의 조건도 법제화했다. 중국과 러시아도 북한의 핵무장을 방조하고 있기 때문에, 이제는 북한의 완전한 비핵화가 실현 가능성이 없다는 사실을 인정해야 한다.

심각한 북핵 위기의 극복을 위해 한일 양국은 한미일 3국 공조를 강화해야 한다. 한미일의 공조는 한국과 일본의 협조 체제가 정착돼야 가능해진다. 따라서 한국과 일본은 과거사와는 별도로 안보 문제에 대해 다른 시각으로 접근해야 한다. 동북아 지역에서 북대서양조약기구(NATO)와 같은 다자간 동맹 체제를 구축하기는 힘들겠지만, 한미동맹과 미일동맹이라는 두 개의 동맹을 협력적으로 운영하는 것은 어렵지 않다.

사실, 한미상호방위조약의 체결 당시 미국의 전략적 목표는 장기적으로 동북아에서 한미일 3국동맹 체제를 출범시키는 것이었다. 이는 조약의 전문에 규정된 '태평양 지역에서 더욱 포괄적이고 효과적인 지역적 안전보장조직이 발달될 때까지' 평화와 안전의 유지를 희망한다는 내용으로도 확인된다. 그러나 미국의 희망은 이루어지지 않았고, 두 개의 동맹 체제가 지금까지 병존하고 있다.

한국과 일본의 과거사에 대한 생각은 서로 다르다. 그런 생각의 차이를 단기간에 극복하는 것도 쉽지 않다. 이제는 그런 차이를 그대로 인정하고 외교와 안보 문제에 대한 협조 체제를 강화할 수밖에 없다. 어쨌든 한국과 일본은 자유민주주의적 정치 체제와 가치를 공유하는 국가들이다.

서두에서 본 것처럼, 우리의 일본에 대한 이미지는 복잡하다. 한국인의 일본에 대한 불편한 감정, '르상티망'은 복잡한 일본의 이미지로부터 나온다. 일반인이 생각하는 일본의 이미지는 현실과 다르고, 정부와 국민의 일본에 대한 이미지도 서로 다르다. 전문가와 일반인이 갖는 일본의 이미지도 다르다. 합리적인 한일관계의 정립을 위해서는 그런 차이와 간극을 이해하여, 일본에 대한 이미지 갭(image gap)을 조정할 필요가 있다.

에필로그

한일관계, 영원한 에니그마

본문에서 논했듯이, 한국인의 일본에 대한 불편한 감정은 양국의 역사와 관련돼 있어서 뿌리가 깊다. 문화적으로 우월했던 한국이 일본의 식민지가 됐다는 사실은 한국인들의 자존심에 큰 상처를 남겼다. 게다가 일본의 전후 청산이 애매하게 처리되면서, 한국사회에서 반일 감정은 더욱 악화됐다. 우리는 1965년 국교 정상화로 이런 문제를 마무리하지 못했기 때문에, 그 후유증이 지금까지 이어지고 있다.

정치인들은 이런 반일 감정을 정략적으로 이용했다. 김영삼 대통령이 대표적인 경우다. 그는 '역사 바로 세우기'라는 명분하에 대대적으로 과거사 청산 조치를 취했다. 일본의 과거사에 대한 진정한 반성과 사과를 당당하게 요구했다. 광복 50주년인 1995년 8월 15일에 조선총독부 건물이었던 중앙청(국립중앙박물관)을 해체·폭파했다. 그러나 그의 개혁 조치는 경제의 실패와 함께 최악의 평가를 받고 있다.

나는 터키를 방문하면 이스탄불의 '아야 소피아'(Ayasofya)에 자주 들른다. 아야 소피아는 구시가지의 중심에 위치해서 접근이 용이하다. 터키는 동로마제국의 대성당이었던 아야 소피아를 지금까지 박물관으로 또 이슬람의 신전인 모스크로 활용하고 있다. 스페인도 그라나다에 있는 '알람브라'(Alhambra) 궁전이나 코르도바의 '메스키타'(Mezquita)와 같은 이슬람 유적을 잘 관리하고 있다. 메스키타는 이슬람 정권이 무너진 후에도 철거되지 않았고, 한가운데에 기독교 성당이 일부 들어섰을 뿐이다. 메스키타는 '콘비벤시아'(convivencia)라는, 무슬림과 기독교도의 관용 정책의 상징으로 지금도 존재한다.[182]

나는 잘 보존된 터키와 스페인의 유적을 볼 때마다 우리의 중앙청 폭파 문제를 곰곰이 생각한다. 1926년 10월 완공된 조선총독부 건물은 일제가 19년을 채 사용하지 못했다. 해방 후, 우리는 훨씬 긴 기간 동안 이 건물을 정부청사로 또 박물관으로 활용했다. 그런 역사적인 건물을 파괴해버린 것은 '역사 바로 세우기'가 아니라 '반역사적인' 결정이라 할 수밖에 없다.

물론 아야 소피아는 터키의 비잔틴제국에 대한 승리의 상징이고, 알람브라는 스페인이 이슬람의 지배를 물리친 레콘키스타(reconquista, 재정복)의 표상이다. 총독부 건물은 일본을 물리치지 못한 한국으로서 없애고 싶은 치욕의 흔적이었을 것이다. 그러나 승리의 역사만 보존하고 기록한다면, 그것은 진정한 역사가 아니다.

우리의 일본에 대한 복잡하고 불편한 감정도 그런 차원에서 이해하고 극복해야 한다. 그렇게 일본에 대한 감정을 극복하지 못하면, 친일 문제에 대한 논란은 앞으로도 계속될 수밖에 없다. 자랑스러운 역사든 치욕의 역사든, 그것은 모두 우리의 역사이기 때문에 기억해야 한다. 역사는 뜨거운 가슴으로 느끼더라도, 차가운 머리로 평가하지 않으면 안 된다. 그런 맥락에서 일본과의 문제를 접근할 필요가 있다.

역사에 대한 책임

일본은 근대화에 성공했지만, 한국은 실패했다. 황제를 참칭한 고종은 광무(光武)라는 연호를 만들고, 국호도 대한제국(大韓帝國)으로 변경했다. 그러나 황당무계한 칭제건원(稱帝建元)으로 약소국이 강대국으로 바뀔 수는 없는 노릇이다. 고종의 객기는 현실을 외면한 '정신 승리'에 불과했다. 아관파천 외에, 미국과 영국, 프랑스의 공관으로도 수차례 도피하려고 했던 고종은 부국강병 근처에도 못 가본 무능한 군주였다.[183]

임오군란과 갑신정변, 동학운동에 중국과 일본의 군대가 개입한 것은 조선에 제대로 된 군대가 없었기 때문이다. 그런 혼란의 와중에, 일본과 서구 열강은 조선을 지배하기 위해 각축전을 벌였다. 결국 중국과 러시아와의 전쟁에서 승리한 일본이 미국의 동의하에 한국을 병합했다.

부패하고 무능한 집권층의 실정으로, 우리의 근대사는 이렇게 수난과 시련으로 점철됐다. 이것이 우리의 치욕의 근대사다. 그것은 부인할 수 없는, 그러나 극복해야 할 우리의 역사다. 우리는 강대국의 침략에 속수무책으로 당한 역사를 되풀이하지 않도록 해야 한다.

일본의 침략에 대한 책임과 사과도 그런 시각에서 바라볼 필요가 있다. 본문에서 상술했듯이, 일본은 현실적으로 할 수 있는 분명한 사과와 반성을 수십 년 동안 했다. 1983년 이후 천황과 총리의 공식적 사과만 해도 50회가 넘는다. 대신과 장관의 경우까지 합치면 셀 수도 없다.

더 이상의 책임과 사과를 일본에 요구하는 것은 전쟁에서 승리한 국가나 할 수 있는 것이다. 병자호란 후 청나라와 조선의 '삼전도의 굴욕'을 생각하면 된다. 인조는 청태종에게 세 번 절하고 아홉 번 머리를 조아린 후 종묘사직을 가까스로 보전할 수 있었다.

일차대전 후, 베르사유조약에서 독일의 책임도 비슷하게 처리됐다. 연합국은 전쟁으로 인한 모든 피해와 손실을 독일이 책임지도록 했다.[184] 그렇게 독일에 대한 '가혹한 강화'로 히틀러가 등장했고, 다시 전쟁이 일어났다. 베르사유조약이 그 정도로 가혹하지 않았다면, 독일 국민은 히틀러를 지지하지 않았을 것이다.

우리는 일본과 싸워서 독립을 쟁취하지도 않았고, 샌프란시스코 평화조약의 당사국이 되지도 못했다. 그런 역사적 과정은 본문에서 상세하게 설명했다. 역사적 사실을 외면하고, 실현 불가능한 사죄를 반복적으로 요구하는 것은 무의미한 일이다. 과거사에 대한 책임을 일본에 묻는 것은 당연하지만, 승전국이 패전국에 할 수 있는 정도의 사과와 반성을 요구하는 것은 합리적이지 않다.

상대방의 입장에서 이 문제를 생각해보자. 일본은 이제 한국의 반복되는 사과 요구를 심각하게 받아들이지도 않고, 그렇게 관심도 없다. 백 년이 더 지난 침략에 대해 지금의 일본인이 느끼는 감정은 미루어 짐작할 수 있다. 원래 국제사회에서 강대국은 약소국의 처지나 아픔을 헤아리지 못한다. 지금은 꼭 그렇지 않지만, 백년 전 일본은 강대국이자 제국이었고 우리는 약소국이었다. 우리는 제국을 참칭한 주변국이기도 했다. 한국과 일본의 근대는 그렇게 일그러졌다.

나는 본문에서 일본의 침략과 지배에 대한 역사를 우리가 객관적으로 인식하고 평가해야 한다는 것을 강조했다. 나는 맹목적인 반일을 반대하지만, 친일을 옹호하지도 않는다. 다만 있는 그대로의 역사를 인정하고, 합리적인 한일관계를 정립하자고 주장할 뿐이다. 그것이 우리의 역사에 대한 올바른 평가이자 책임이다.

디지털 시대의 한국과 일본

민족이나 인종의 특성은 다양하다. 그러나 그들의 능력이나 수

준은 큰 차이가 없다. 주어진 환경이나 문화, 풍토가 다르기 때문에, 국가 차원에서의 차이가 생겼을 뿐이다. 한국인과 일본인의 경우도 그렇다. 유전자 분석에 의하면, 두 민족은 인종적으로 크게 다르지 않다. 그러나 국민성이나 행동양식은 많이 다르다. 일본인은 집단의 규범과 가치를 한국인보다 더 존중한다. 그래서 일본인은 한국인보다 예의바르고, 공공질서를 잘 준수한다.

국민성의 차이는 개인의 성향 때문에 나타나는 것이 아니다. 일본 사회에서 자란 한국인은 일본인의 성향을 가지게 되고, 한국에 체류하는 일본인은 한국 문화에 젖으면 한국인처럼 행동한다. 나는 동부이촌동의 한 카페에서 마구 뛰어다니는 일본 아이들을 보고 놀란 적이 있다. 어른들은 거리낌 없이 뛰고 떠드는 아이들을 전혀 신경 쓰지 않았다. 아내는 일본인 아줌마들에게 눈살을 찌푸렸다. 일본이라면 아이들을 방치할 리가 없는데, 한국 문화에 익숙해져서 저렇게 행동한다고 분노했다.

한국인과 일본인의 차이는 이렇게 문화적인 관점에서 설명할 수 있다. 한국인은 성급하고 화를 잘 내지만, 일본인은 속내를 잘 드러내지 않는다. 일본 회사에 근무한 한국인이 일본인 동료들은 가면을 쓰고 일하는 것 같다고 토로한 글을 읽은 적이 있다. 그만큼 일본인은 신중하고 감정을 억제하는 데 익숙하다. 반면, 한국인은 격정적이고 감정을 숨기지 않는다. 그런 차이로 한국의 문화적 풍토는 일본과 다르게 형성됐다. 한국의 근대화에 대한 실패도 그런 차이에서 기인했을 수 있다.

그러나 이런 차이는 디지털 시대에 한국에 훨씬 유리하게 작용한다. 한국인의 성급한 성격과 자유분방한 문화는 21세기의 정보통신 산업에 아주 적합하다. 음소문자(音素文字)인 한글은 음절문자(音節文字)인 일본어의 가나(仮名)보다 디지털 시대의 표기에 더편리하다. 코로나에 대처하는 한국과 일본의 차이도 그렇게 이해할 수 있다. 이런 이유로, 한국은 4차 산업혁명 시대에 일본보다 더경쟁력이 있는 것으로 평가된다.

한국은 1차와 2차 산업혁명이 뒷받침된 제국주의 시대에는 약소국이었지만, 이제는 사정이 달라졌다. 20세기 후반에 시작된 3차 산업혁명 이후 한국의 위상은 비약적으로 높아졌다. 4차 산업혁명 시대에도 그런 추세는 계속될 것이다.

한일관계도 이제는 시대적 변화에 맞게 변하지 않으면 안 된다. 우리의 일본에 대한 인식도 마찬가지다. 철지난 국수주의나 친일논란에서 헤어나지 못하는 것은 '역사의 퇴행'이다. '토착왜구'와 '죽창부대'로 상징되는 극단적인 주장을 넘어서, 냉정하게 친일 문제를 극복해야 한다. 이제는 일본의 잘못을 단호하게 지적하되, 의연하게 대처하는 여유가 필요하다. 과거사에만 매달려 있기에는 현재 한반도의 안보 상황이 너무 엄중하다.

국제법과 국제정치로 본 한일관계 주요 사항 연표

일시	내용	비고
1876.2.26	'강화도조약'(조일수호조약, 朝日修好條規) 체결	운요호(雲揚號) 사건(1875) 결과로 체결, 외국과 맺은 최초의 근대 조약
1882.8.30	'제물포조약' 체결	임오군란(1882.6)의 사후 처리를 위해 체결
1885.1.9	'한성조약' 체결	갑신정변(1884.12)의 사후 처리를 위해 체결
1897.10.12	고종 황제 즉위, 대한제국 선포	1910.8.29까지 대한제국 존속
1904.2.23	'한일의정서' 체결	일본, 대한제국 내정에 본격적으로 간여
1904.8.22	'제1차 한일협약' 체결	일본의 고문(顧問)정치 시작
1905.11.17	'제2차 한일협약'(을사보호조약) 체결	일본의 보호정치 시작(외교권 박탈, 통감부 설치 등)
1907.7.19	고종 황제 퇴위	헤이그 만국평화회의 특사 파견(1907.4~7)을 빌미로 강제퇴위 조치
1907.7.20	순종 황제 즉위	
1907.7.24	'한일신협약'(韓日新協約, 정미7조약) 체결	법령제정권·행정권·관리임명권 등 박탈, 차관정치 실시 및 군대 강제해산

1909.7.12	'을유각서' 체결	일본의 사법권 장악
1909.10.26	안중근 의사, 이토 히로부미 사살(하얼빈)	
1910.8.22	'한국병합조약' 체결(8.29 공표)	총독부 설치 등 일제의 무단통치 시작
1919.2.8	동경조선유학생학우회, 도쿄에서 독립선언 발표	'2·8 독립선언'
1919.3.1	3·1 운동	일제 통치 방식이 기존 무단통치에서 소위 '문화정치'로 전환
1919.4.13	대한민국임시정부 수립(상하이)	
1926.6.10	6·10 만세운동	순종 황제 국상(國喪) 계기
1929.11.3	광주학생항일운동	
1932.1.8	이봉창 의사 의거(도쿄)	히로히토에 수류탄 투척
1932.4.29	윤봉길 의사 의거(상하이)	홍구(紅口)공원 개최 천장절(天長節) 기념식장에 수류탄 투척
1940.2~8.10	조선총독부 창씨개명 강요	조선민사령(朝鮮民事令, 1939.11 개정)으로 고유의 성을 일본식으로 변경, 이후 1946년 10월 23일 조선성명복구령(朝鮮姓名復舊令)으로 원상회복
1945.8.15	해방	일제 패망
1949.1.19	주일본 대한민국대표부 설치	
1951.10.20.~1952.2.27	한일회담을 위한 예비회담 개최	GHQ의 주선
1952.4.28	샌프란시스코 평화조약 발효	한반도의 독립 승인, 한국 불참

1952.2.15. ~1965.6. 22	제1차~제7차 한일회담 개최	일본의 청구권 주장, 구보타 망언, 한국전쟁, 4·19, 재일교포 북송, 5·16 등으로 중단됐다가, '김종필―오히라 합의'로 청구권 문제 정치적 타결
1965.12.18	한일기본관계조약 및 기타 협정 발효	재일한국인법적지위협정 1966.1.17 발효
1973.8.8	김대중 납치사건 발생(도쿄)	1973.8.13. 동교동 자택으로 귀환
1974.8.15	대통령 저격 미수사건(재일교포 문세광) 발생	육영수 여사 서거
1978.6.22	한일대륙붕협정 발효	
1992.7.6	가토 관방장관, 일본 정부의 일본군 위안부 조사 결과(가토 담화) 발표	
1993.8.4	고노 관방장광, 일본 정부의 일본군 위안부 조사 결과(고노 담화) 발표	일본군의 강압 인정
1996.8.13. ~2010.6. 29	제1차~제11차 한일 EEZ 경계 획정회의 개최	
1997.8.15 ~18	제49차 유엔 인권소위원회, 일본군위안부 문제 논의	
1998.1.23	일본, 한일어업협정 종료 통고	
1998.10.20	문화관광부, 일본 대중문화 개방 방침 발표	
1999.1.22	신(新)한일어업협정 발효	

2001.8.16	유엔 인권소위, '조직적 강간, 성적 노예제 및 노예 유사 관행' 결의안 채택	교과과정에 정확한 역사 기술이 포함되도록 권장
2011.3.11	동일본 대지진(규모 9.0) 발생	대통령 명의 간 총리 앞 위로전 (3.12) 및 장관 명의 마츠모토 외무대신 앞 위로전(3.11) 전달
2011.8.30	헌법재판소, 일본군 위안부 및 원폭 피해자 문제 관련 위헌 결정	위안부 문제의 해결을 위해 노력하지 않는 정부의 부작위는 위헌
2012.8.10	이명박 대통령, 독도 방문	무토 주한일본대사 일시 귀국 한일 외교장관 간 전화 통화
2012.8.17 ~8.29	일본, 독도 국제사법재판소(ICJ) 회부 주장, 교환공문에 따른 조정제안 구술서, 의회 결의, 총리 친서 발송 등 강력 반발	한국, 총리 친서 우편으로 반송
2015.12.28	일본군위안부 피해자 협상 타결, 기시다 외무대신 방한, 한일 정상 간 통화	박근혜 대통령 대국민 메시지 발표
2017.12.27	'한일 일본군 위안부 피해자 문제 합의 검토 TF' 결과 보고서 발표	고노 외무대신 '위안부 합의 검토 TF의 검토 결과 발표에 대하여' 담화 발표
2018.11.21	화해·치유재단 해산 발표	여성가족부
2019.12.27	헌법재판소, 위안부 합의에 대한 헌법소원 각하	정치적 합의인 위안부 합의는 헌법 소원 심판의 대상이 아님

참고자료

1. 강화도조약(병자수호조규) (발췌)

제1관 조선국은 자주 국가로서 일본국과 평등한 권리를 보유한다. 이후 양국은 화친의 실상을 표시하려면 모름지기 서로 동등한 예의로 대해야 하고, 조금이라도 상대방의 권리를 침범하거나 의심하지 말아야 한다. 우선 종전의 교제의 정을 막을 우려가 있는 여러 가지 규례들을 일체 혁파하여 없애고 너그럽고 융통성 있는 법을 열고 넓히는 데 힘써 영구히 서로 편안하기를 기약한다.

제2관 일본국 정부는 지금부터 15개월 뒤에 수시로 사신을 파견하여 조선국 경성(京城)에 가서 직접 예조 판서(禮曹判書)를 만나 교제 사무를 토의하며, 해사신(該使臣)이 주재하는 기간은 다 그때의 형편에 맞게 정한다. 조선국 정부도 수시로 사신을 파견하여 일본국 동경(東京)에 가서 직접 외무경(外務卿)을 만나 교제 사무를 토의하며, 해사신이 주재하는 기간 역시 그 때의 형편에 맞게 정한다.

제3관 이후 양국 간에 오가는 공문(公文)은, 일본은 자기 나라

글을 쓰되 지금부터 10년 동안은 한문으로 번역한 것 1본(本)을 별도로 구비한다. 조선은 한문을 쓴다.

제4관 조선국 부산(釜山) 초량항(草梁項)에는 오래 전에 일본 공관(公館)이 세워져 있어 두 나라 백성의 통상 지구가 되었다. 지금은 종전의 관례와 세견선(歲遣船) 등의 일은 혁파하여 없애고 새로 세운 조관에 준하여 무역 사무를 처리한다. 또 조선국 정부는 제5관에 실린 두 곳의 항구를 별도로 개항하여 일본국 인민이 오가면서 통상하도록 허가하며, 해당 지역에서 임차한 터에 가옥을 짓거나 혹은 임시로 거주하는 사람들의 집은 각각 그 편의에 따르게 한다.

제5관 경기(京畿), 충청(忠淸), 전라(全羅), 경상(慶尙), 함경(咸鏡) 5도(道) 가운데 연해의 통상하기 편리한 항구 두 곳을 골라 지명을 지정한다. 개항 시기는 일본력(日本曆) 명치(明治) 9년 2월, 조선력 병자년(1876년) 2월부터 계산하여 모두 20개월로 한다.

제7관 조선국 연해의 도서(島嶼)와 암초는 종전에 자세히 조사한 것이 없어 극히 위험하므로 일본국 항해자들이 수시로 해안을 측량하여 위치와 깊이를 재고 도지(圖志)를 제작하여 양국의 배와 사람들이 위험한 곳을 피하고 안전한 데로 다닐 수 있도록 한다.

제8관 이후 일본국 정부는 조선국에서 지정한 각 항구에 일본국 상인을 관리하는 관청을 수시로 설치하고, 양국에 관계되는 안건이 제기되면 소재지의 지방 장관과 토의하여 처리한다.

제10관 일본국 인민이 조선국이 지정한 각 항구에서 죄를 범하였을 경우 조선국에 교섭하여 인민은 모두 일본국에 돌려보내 심리하여 판결하고, 조선국 인민이 죄를 범하였을 경우 일본국에 교섭하여 인민은 모두 조선 관청에 넘겨 조사 판결하되 각각 그 나라의 법률에 근거하여 심문하고 판결하며, 조금이라도 엄호하거나 비호함이 없이 공평하고 정당하게 처리한다.

2. 카이로 선언

루즈벨트 대통령, 장개석 총통, 처칠 수상은 각자의 군사, 외교 고문과 함께 북아프리카에서의 회의를 마치고 다음과 같이 발표한다.

수차에 걸친 군사 관계 회의에서 일본을 상대로 한 앞으로의 군사작전들에 관해 상호 의견의 일치를 보았다. 세 연합국은 잔인무도한 그들의 공동의 적국에 해상과 육지와 그리고 영공을 통한 지속적인 압박을 가한다는 그들의 결의를 표명한다. 그와 같은 압박은 이미 가중되고 있다.

세 연합국은 일본의 침략을 저지하고 응징하기 위해 이 전쟁을 치르고 있다. 그들은 그들 자신의 이익을 추구하기 위해 노력하지 않으며, 또한 영토 확장을 위한 야심도 갖고 있지 않다.

그들의 목적은 1914년 제1차 세계대전이 발발한 이래 일본이 강탈했거나 점령해 온 태평양의 모든 섬들을 박탈하는 데 있으며, 또한 일본이 중국으로부터 탈취한 모든 영토를, 예를 들면 만주, 대만, 평후제도 등을 중국에 반환하는 데 있다. **일본은 또한 폭력과 탐욕에 의해 탈취한 모든 지역으로부터 추방될 것이다.**

전술한 이 세 강대국은 한국인의 노예상태에 유의하여 한국을 적절한 시기에 자유롭고 독립된 국가로 만들 것을 결의한다. 이러한 목적을 실현하기 위하여 세 연합국은 일본과 싸우고 있는 다른 국가들과 보조를 맞추어 가면서 일본의 무조건 항복을 받아내는데 필요한 진지하고도 장기적인 군사 행동을 지속적으로 감행해 나갈 것이다.

3. 포츠담 선언 (발췌)

1. 수억의 우리 동포들을 대표하여 우리들 미국의 대통령, 중화민국 국민 정부의 총통, 그리고 영국의 수상은 일본에 대해 이 전쟁을 끝낼 기회를 주어야 한다는 것에 대해 협의했고 합의에 이르렀다.

5. 아래는 우리의 요구 조건이다. 우리는 이 요구 조건에서 벗어나지 않을 것이다. 다른 대안은 없다. 우리는 어떤 지연도 용납하지 않을 것이다.

6. 일본의 인민들을 세계 정복에 착수시킴으로써 기만하고 잘못 이끈 자들의 권력과 영향력은 반드시 영구적으로 제거되어야 한다. 우리는 무책임한 군국주의가 지구상에서서 사라지지 않는 한, 새로운 평화적 질서, 안전과 정의가 불가능할 것이라고 주장하는 바이기 때문이다.

7. 이러한 새로운 질서가 확립될 때까지, 그리고 일본이 전쟁을 일으킬 만한 힘이 남아 있지 않다는 설득력 있는 증거가 제시될 때까지, 우리가 주장한 필수적인 목표들을 확실하게 달성하기 위해 연합군은 일본 내의 특정 지점들을 지정하고 점령할 것이다.

8. 카이로 선언의 제 조항은 이행되어야 하며, 일본의 주권은 혼슈와 홋카이도, 규슈와 시코쿠, 그리고 우리들이 결정하는 부속 도서로 제한될 것이다.

4. SCAPIN 677(1946.1.29.)

약간의 외곽 지역을 정치상·행정상 일본으로부터 분리하는 데에 대한 각서

1. 일본 이외의 어떠한 지역 또는 그 지역의 어떠한 정부 관리와 공무원 또는 어떠한 사람에 대해서도 일본제국 정부는 정치적·행정적 통치를 행사하거나 행사하려고 하는 시도를 정지해야 할 것을 지령한다.

3. 이 각서의 목적으로부터 일본이라고 부를 경우는 다음의 정의에 따른다.

일본의 범위에 포함되는 지역으로는,

일본의 주요 4개 도서(홋카이도, 혼슈, 시코쿠, 규슈)와 쓰시마제도, 북위 30도 이북의 류큐(남서)제도(구지도를 제외)를 포함하는 약 1천의 인접 제 소도가 있으며,

일본의 범위로부터 제외되는 지역으로는,

(a) 울릉도, 독도, 제주도

(b) 북위 30도 이남의 류큐(남서)제도(구지도를 포함), 이주, 남

방, 오가사와라제도, 유황도 및 대동군도, 오키노토리시마, 미나미토리시마, 나카노토리시마를 포함하는 기타 외곽 태평양의 전 제도

(c) 쿠릴열도, 하보마이군도(수정, 용류, 추용류, 지발, 다락도를 포함), 시코탄도가 있다.

4. 또한 일본제국 정부의 정치상·행정상의 관할권으로부터 특히 제외되는 지역은 다음과 같다.

(a) 1914년 세계대전 이래 일본이 위임통치 기타 방법으로 탈취 또는 점령한 전 태평양 제도

(b) 만주, 대만, 펑후제도

(c) 한국

(d) 사할린

5. 이 각서에 포함된 일본의 정의는 그에 대하여 다른 특정한 기술이 없는 한 연합국최고사령부가 선포하는 장래의 모든 지령, 각서, 명령에 적용된다.

6. 이 각서 중의 조항은 어느 것도 포츠담 선언의 제8항에 규정되어 있는 제 소도의 최종적 결정에 관한 연합국 측의 정책을 나타내는 것으로 해석돼서는 안 된다.

5. 샌프란시스코 평화조약 (발췌)

제1조(전쟁 상태의 종료, 일본의 주권 승인)

(a) 일본과 각 연합국들과의 전쟁상태는 제23조에 규정된 바와 같이, 일본과 관련 연합국 사이에 이 조약이 시행되는 날부터 종료된다.

(b) 연합국들은 일본과 그 영해에 대한 일본 국민들의 완전한 주권을 인정한다.

제2조(영토권의 포기)

(a) 일본은 한국의 독립을 승인하고, 제주도, 거문도 및 울릉도를 비롯한 한국에 대한 모든 권리, 권원 및 청구권을 포기한다.

(b) 일본은 타이완과 평후제도에 대한 일체의 권리, 권원 및 청구권을 포기한다.

(c) 일본은 쿠릴열도에 대한 그리고 일본이 1905년 9월 5일의 포츠머스조약에 의해 주권을 획득한 사할린의 일부와 그것에 인접한 도서에 대한 모든 권리, 권원 및 청구권을 포기한다.

(d) 일본은 국제연맹의 위임통치 제도와 관련된 모든 권리, 권원 및 청구권을 포기하고, 과거 일본의 위임통치 하에 있던 태평양 제도에 신탁통치를 확대하는 1947년 4월 2일의 유엔 안전보장이사회의 조치를 수용한다.

(e) 일본은 일본 국민의 활동으로부터 비롯된 것이든, 아니면 그 밖의 활동으로부터 비롯된 것이든 간에, 남극지역의 어떤 부분에 대한 권리나 권원 또는 어떤 부분에 관한 이익에 대한 모든 권리를 포기한다.

(f) 일본은 남사군도와 서사군도에 대한 모든 권리, 권원 및 청구권을 포기한다.

제4조(일본이 영토권을 포기한 지역에서의 재산 처리)

(a) 이 조(b)의 규정에 따라, 제2조에 규정된 지역에서 일본과 그 국민의 재산의 처분과, 현재 그 지역의 통치 당국과 그곳의 (법인 포함) 주민에 대한 그들의 채무를 비롯한 청구권과, 그리고 일본에서 그 당국과 주민의 재산의 처분과, 일본과 그 국민에 대한 채무를 비롯한 청구권의 처분은 일본과 그 당국 간에 특별한 협의의 대상이 된다. 제2조에 규정된 지역에 있는 연합국이나 그 국민의 재산은, 아직 반환되지 않았다면, 현재의 상태로 통치 당국에 의해 반환될 것이다.

(b) 일본은 제2조와 제3조에 규정된 지역에 있는 일본과 그 국민의 재산에 대해, 미군정청의 명령으로 실행된 그 처분의 적법성을 인정한다.

(c) 이 조약에 따라 일본의 지배에서 벗어난 지역과 일본을 연결하는, 일본이 소유한 해저 케이블은 균등하게 분할될 것이다. 일

본은 일본 측 터미널 시설과 그에 접하는 절반의 케이블을 갖고, 분리된 지역은 나머지 케이블과 터미널 시설을 갖는다.

제14조(배상 및 재외재산의 처리)

(a) 일본이 전쟁 중 일본에 의해 발생한 손해와 고통에 대해 연합국에 배상해야 한다는 것은 인정된다. 그럼에도 불구하고, 일본이 생존 가능한 경제를 유지해야 한다면, 그러한 모든 손해와 고통에 대해 완전히 배상하면서 동시에 다른 의무를 이행하기에는, 일본의 자원이 현재 충분하지 않다는 것 또한 인정된다.

따라서 1. 일본은 현재의 영토가 일본군에 의해 점령되어 손해를 입은 연합국들이 원하는 경우, 그들의 생산, 침몰선박의 인양 및 기타 작업에 일본인의 역무를 제공하는 등, 손해 복구 비용의 배상을 지원하기 위한 교섭을 즉시 시작한다. 그러한 조치는 다른 연합국들에 추가적인 부담을 부과하지 않는 것이어야 한다. 그리고 원자재의 가공이 요구되는 경우, 일본에 어떠한 외환 부담도 부과되지 않도록 원자재는 해당 연합국들이 공급한다.

제19조(일본에 의한 전쟁 청구권의 포기)

(a) 일본은 전쟁에서 발생하거나 전쟁상태가 존재하여 취해진 행동에서 발생한 연합국 및 그 국민에 대한 일본 및 일본 국민의 모든 청구권을 포기하고, 또한 이 조약의 효력 발생 전에 일본 영역에서

어느 연합국의 군대나 당국의 존재, 직무수행 또는 행동에서 발생한 모든 청구권을 포기한다.

(b) 전술한 포기에는 1939년 9월 1일부터 이 조약의 효력 발생까지의 사이에 일본의 선박에 관하여 어느 연합국이 취한 행동에서 발생한 청구권 및 연합국의 수중에 있는 일본인 포로 및 피억류자에 대하여 발생한 청구권 및 채권이 포함된다. 다만, 1945년 9월 2일 이후 어느 한 연합국이 제정한 법률에서 특별히 인정하는 일본인의 청구권은 포함되지 않는다.

(c) 상호포기를 조건으로 일본 정부는 또한 정부 간의 청구권 및 전쟁 중에 받은 멸실 또는 손해에 관한 청구권을 포함한 독일 및 독일 국민에 대한 모든 청구권 (채권 포함)을 일본 정부 및 일본 국민을 위해 포기한다. 단, (a)1939년 9월 1일 전에 체결한 계약 및 취득한 권리에 관한 청구권 및 (b)1945년 9월 2일 후에 일본과 독일 간의 무역 및 금융 관계에서 발생한 청구권을 제외한다. 이 포기는 이 조약의 제16조 및 제20조에 따라 취해지는 행동을 해치는 것이 아니다.

(d) 일본은 점령기간 중에 점령 당국의 지령에 의거하거나 그 결과로 행해지거나 당시의 일본 법률에 의해 허가된 모든 작위 또는 부작위의 효력을 승인하고, 연합국 국민에게 이 작위 또는 부작위에서 발생하는 민사 또는 형사 책임을 묻는 어떠한 행동도 취하지 아니한다.

제21조(중국과 한국이 받는 이익)

이 조약 제25조의 규정에도 불구하고, 중국은 제10조, 제14조 (a)2의 이익을 향유할 권리를 가지며, 한국은 이 조약의 제2조, 제4조, 제9조 및 제12조의 이익을 향유할 권리를 갖는다.

6. 대한민국과 일본국 간의 기본관계에 관한 조약

대한민국과 일본국은, 양국 국민관계의 역사적 배경과, 선린관계와 주권 상호존중의 원칙에 입각한 양국관계의 정상화에 대한 상호 희망을 고려하며, 양국의 상호 복지와 공통 이익을 증진하고 국제평화와 안전을 유지하는데 있어서 양국이 국제연합헌장의 원칙에 합당하게 긴밀히 협력함이 중요하다는 것을 인정하며, 또한 1951년 9월 8일 샌프란시스코에서 서명된 일본국과의 평화조약의 관계 규정과 1948년 12월 12일 국제연합총회에서 채택된 결의 제195호(Ⅲ)를 상기하며, 본 기본관계에 관한 조약을 체결하기로 결정하여, 이에 양국의 전권위원을 임명하였다. 이들 전권위원은 그들의 전권위임장을 상호 제시하고, 그것이 상호 타당하다고 인정한 후, 다음의 제 조항에 합의하였다.

제1조(외교·영사관계의 개설)

양 체약당사국 간에 외교 및 영사 관계를 수립한다. 양 체약당사국은 대사급 외교사절을 지체 없이 교환한다. 양 체약당사국은 또한 양국 정부에 의하여 합의되는 장소에 영사관을 설치한다.

제2조(기존 조약의 무효)

1910년 8월 22일 및 그 이전에 대한제국과 대일본제국 간에 체

결된 모든 조약 및 협정이 이미 무효임을 확인한다.

제3조(대한민국 정부의 지위)

대한민국 정부가 국제연합총회의 결의 제195(Ⅲ)호에 명시된 바와 같이, 한반도에 있어서의 유일한 합법 정부임을 확인한다.

제4조(국제연합헌장의 원칙)

(가) 양 체약당사국은 양국 상호간의 관계에 있어서 국제연합헌장의 원칙을 지침으로 한다.

(나) 양 체약당사국은 양국의 상호의 복지와 공통의 이익을 증진함에 있어서 국제연합헌장의 원칙에 합당하게 협력한다.

제5조(통상교섭의 개시)

양 체약당사국은 양국의 무역, 해운 및 기타 통상상의 관계를 안정되고 우호적인 기초위에 두기 위하여 조약 또는 협정을 체결하기 위한 교섭을 실행 가능한 한 조속히 시작한다.

제6조(민간항공운수 교섭의 개시)

양 체약당사국은 민간항공운수에 관한 협정을 체결하기 위하여 실행 가능한 한 조속히 교섭을 시작한다.

제7조(비준 및 발효)

본 조약은 비준되어야 한다. 비준서는 가능한 한 조속히 서울에서 교환한다. 본 조약은 비준서가 교환된 날로부터 효력을 발생한다.

7. 대한민국과 일본국 간의 재산 및 청구권에 관한 문제의 해결과 경제협력에 관한 협정

대한민국과 일본국은, 양국 및 양국 국민의 재산과 양국 및 양국 국민 간의 청구권에 관한 문제를 해결할 것을 희망하고, 양국 간의 경제협력을 증진할 것을 희망하여, 다음과 같이 합의하였다.

제1조(자금의 제공)

1. 일본국은 대한민국에 대하여

(a) 현재에 있어서 1천8십억 일본 원(108,000,000,000원)으로 환산되는 **3억 아메리카합중국 불($300,000,000)과 동등한 일본 원의 가치를 가지는 일본국의 생산물 및 일본인의 용역을 본 협정의 효력발생일로부터 10년 기간에 걸쳐 무상으로 제공한다.** 매년의 생산물 및 용역의 제공은 현재에 있어서 1백8억 일본 원(10,800,000,000원)으로 환산되는 3천만 아메리카합중국 불($30,000,000)과 동등한 일본 원의 액수를 한도로 하고 매년의 제공이 본 액수에 미달되었을 때에는 그 잔액은 차년 이후의 제공액에 가산된다. 단, 매년의 제공한도액은 양 체약국 정부의 합의에 의하여 증액될 수 있다.

(b) 현재에 있어서 7백20억 일본 원(72,000,000,000원)으로 환산되는 **2억 아메리카합중국 불($200,000,000)과 동등한 일본원의 액수에 달하기까지의 장기 저리의 차관으로서,** 대한민국 정부가 요청하

고 또한 3의 규정에 근거하여 체결될 약정에 의하여 결정되는 사업의 실시에 필요한 **일본국의 생산물 및 일본인의 용역을 대한민국이 조달하는데 있어 충당될 차관을 본 협정의 효력 발생 일로부터 10년 기간에 걸쳐 행한다.** 본 차관은 일본국의 해외경제협력기금에 의하여 행하여지는 것으로 하고, 일본국 정부는 동 기금이 본 차관을 매년 균등하게 이행할 수 있는데 필요한 자금을 확보할 수 있도록 필요한 조치를 취한다. 전기 제공 및 차관은 대한민국의 경제발전에 유익한 것이 아니면 아니 된다.

2. 양 체약국 정부는 본조의 규정의 실시에 관한 사항에 대하여 권고를 행할 권한을 가지는 양 정부 간의 협의기관으로서 양 정부의 대표자로 구성될 합동위원회를 설치한다.

3. 양 체약국 정부는 본조의 규정의 실시를 위하여 필요한 약정을 체결한다.

제2조(청구권의 포기)

1. 양 체약국은 양 체약국 및 그 국민(법인을 포함함)의 재산, 권리 및 이익과 양 체약국 및 그 국민 간의 청구권에 관한 문제가 1951년 9월 8일에 샌프란시스코에서 서명된 일본국과의 평화조약 제4조 (a)에 규정된 것을 포함하여 완전히 그리고 최종적으로 해결된 것이 된다는 것을 확인한다.

2. 본조의 규정은 다음의 것(본 협정의 서명일까지 각기 체약국이 취

한 특별조치의 대상이 된 것을 제외한다)에 영향을 미치는 것이 아니다.

(a) 일방체약국의 국민으로서 1947년 8월 15일부터 본 협정의 서명일까지 사이에 타방체약국에 거주한 일이 있는 사람의 재산, 권리 및 이익

(b) 일방체약국 및 그 국민의 재산, 권리 및 이익으로서 1945년 8월 15일 이후에 있어서의 통상의 접촉의 과정에 있어 취득되었고 또는 타방체약국의 관할 하에 들어오게 된 것

3. 2의 규정에 따르는 것을 조건으로 하여 일방체약국 및 그 국민의 재산, 권리 및 이익으로서 본 협정의 서명일에 타방체약국의 관할 하에 있는 것에 대한 조치와 일방체약국 및 그 국민의 타방체약국 및 그 국민에 대한 모든 청구권으로서 동일자 이전에 발생한 사유에 기인하는 것에 관하여는 어떠한 주장도 할 수 없는 것으로 한다.

제3조(분쟁의 해결)

1. 본 협정의 해석 및 실시에 관한 양 체약국간의 분쟁은 우선 외교상의 경로를 통하여 해결한다.

2. 1의 규정에 의하여 해결할 수 없는 분쟁은 어느 일방 체약국의 정부가 타방 체약국의 정부로 부터 분쟁의 중재를 요청하는 공한을 접수한 날로부터 30일의 기간 내에 각 체약국 정부가 임명하는 1인의 중재위원과 이와 같이 선정된 2인의 중재위원이 당해 기간 후의 30일

의 기간 내에 합의하는 제3의 중재위원 또는 당해 기간 내에 이들 2인의 중재위원이 합의하는 제3국의 정부가 지명하는 제3의 중재위원과의 3인의 중재위원으로 구성되는 중재위원회에 결정을 위하여 회부한다. 단, 제3의 중재위원은 양 체약국중의 어느 편의 국민이어서는 아니 된다.

3. 어느 일방체약국의 정부가 당해 기간 내에 중재위원을 임명하지 아니하였을 때, 또는 제3의 중재위원 또는 제3국에 대하여 당해 기간 내에 합의하지 못하였을 때에는 중재위원회는 양 체약국 정부가 각각 30일의 기간 내에 선정하는 국가의 정부가 지명하는 각 1인의 중재위원과 이들 정부가 협의에 의하여 결정하는 제3국의 정부가 지명하는 제3의 중재위원으로 구성한다.

4. 양 체약국 정부는 본조의 규정에 의거한 중재위원회의 결정에 복한다.

제4조(비준 및 발효)

본 협정은 비준되어야 한다. 비준서는 가능한 한 조속히 서울에서 교환한다. 본 협정은 비준서가 교환된 날로부터 효력을 발생한다.

8. 대한민국과 일본국 간의 문화재 및 문화협력에 관한 협정

대한민국과 일본국은, 양국 문화의 역사적인 관계에 비추어, 양국의 학술 및 문화의 발전과 연구에 기여할 것을 희망하여, 다음과 같이 합의하였다.

제1조(양국의 협력)

대한민국 정부와 일본국 정부는 양국 국민 간의 문화 관계를 증진시키기 위하여 가능한 한 협력한다.

제2조(문화재의 반환)

일본국 정부는 부속서에 열거한 문화재를 양국 정부 간에 합의되는 절차에 따라 본 협정효력 발생 후 6개월 이내에 대한민국 정부에 인도한다.

제3조(문화재 연구에 대한 편의 제공)

대한민국 정부와 일본국 정부는 각각 자국의 미술관, 박물관, 도서관 및 기타 학술문화에 관한 시설이 보유하는 문화재에 대하여 타방국의 국민에게 연구의 기회를 부여하기 위하여 가능한 한의 편의를 제공한다.

제4조(비준 및 발효)

본 협정은 비준되어야 한다. 비준서는 가능한 한 조속히 서울에서 교환한다. 본 협정은 비준서가 교환된 날로부터 효력을 발생한다.

9. 분쟁의 해결에 관한 (대한민국 정부와 일본국 정부 간의) 교환공문

한국 측 서한

1965년 6월 22일
도쿄에서

본관은 양국 정부의 대표 간에 도달된 다음의 양해를 확인하는 영광을 가집니다.

양국 정부는 별도의 합의가 있는 경우를 제외하고는 양국 간의 분쟁은 우선 외교상의 경로를 통하여 해결하는 것으로 하고 이에 의하여 해결할 수가 없을 경우에는 양국 정부가 합의하는 절차에 따라 조정에 의하여 해결을 도모한다.

본관은 또한 각하가 전기의 양해를 일본국 정부를 대신하여 확인할 것을 희망하는 영광을 가집니다.

본관은 각하에게 새로이 본관의 변함없는 경의를 표합니다.

외무부장관

10. 대한민국과 일본국 간의 어업에 관한 협정 (발췌)

대한민국 및 일본국은, 양국이 공통의 관심을 갖는 수역에서의 어업자원의 최대의 지속적 생산성이 유지되어야 함을 희망하고, 전기의 자원의 보존 및 그 합리적 개발과 발전을 도모함이 양국의 이익에 도움이 됨을 확신하고, 공해 자유의 원칙이 본 협정에 특별한 규정이 있는 경우를 제외하고는 존중되어야 한다는 것을 확인하고, 양국의 지리적 근접성과 양국 어업상의 교착으로부터 발생할 수 있는 분쟁의 원인을 제거하는 것이 요망됨을 인정하고, 양국 어업의 발전을 위하여 상호 협력할 것을 희망하여, 다음과 같이 합의하였다.

제1조(어업전관수역)

1. 양 체약국은 각 체약국이 자국의 연안의 기선부터 측정하여 12해리까지의 수역을 자국이 어업에 관하여 배타적 관할권을 행사하는 수역(이하 "어업에 관한 수역"이라 함)으로서 설정하는 권리를 갖음을 상호 인정한다. 단, 일방체약국 이 어업에 관한 수역의 설정에 있어서 직선기선을 사용하는 경우에는 그 직선기선은 타방 체약국과 협의하여 결정한다.

2. 양 체약국은 일방 체약국이 자국의 어업에 관한 수역에서 타방 체약국의 어선이 어업에 종사하는 것을 배제하는데 대하여 상호

이의를 제기하지 아니한다.

3. 양 체약국의 어업에 관한 수역이 중복하는 부분에 대하여는, 그 부분의 최대의 폭을 나타내는 직선을 이등분하는 점과 그 중복하는 부분이 끝나는 2점을 각각 연결하는 직선에 의하여 양분한다.

제2조(공동규제수역)

양 체약국은 다음 각선으로 둘러싸이는 수역(영해 및 대한민국의 어업에 관한 수역을 제외함)을 공동규제수역으로 설정한다.

(a) 북위 37도30분 이북의 동경 124도의 경선

(b) 다음 각 점을 차례로 연결하는 선(좌표 생략)

제3조(규제 조치)

양 체약국은 공동규제수역에서, 어업자원의 최대의 지속적 생산성을 확보하기 위하여 필요한 보존조치가 충분한 과학적 조사에 의거하여 실시될 때까지, 저인망어업, 선망어업 및 60톤 이상의 어선에 의한 고등어 낚시어업에 대하여, 본 협정의 불가분의 일부를 이루는 부속서에 규정한 잠정적 어업 규제 조치를 실시한다("톤"이라 함은 총 톤수에 의하는 것으로 하며 선내 거주구 개선을 위한 허용톤수를 감한 톤수에 의하여 표시함).

제4조(단속 및 재판관할권)

1. 어업에 관한 수역의 외측에서의 단속(정선 및 임검을 포함함) 및 재판 관할권은 어선이 속하는 체약국만이 행하며, 또한 행사한다.

2. 어느 체약국도 그 국민 및 어선이 잠정적 어업 규제 조치를 성실하게 준수하도록 함을 확보하기 위하여 적절한 지도 및 감독을 행하며, 위반에 대한 적당한 벌칙을 포함하는 국내조치를 실시한다.

제5조(공동자원조사수역)

공동규제수역의 외측에 공동자원조사수역이 설정된다. 그 수역의 범위 및 동수역 안에서 행하여지는 조사에 대하여는, 제6조에 규정되는 어업공동위원회가 행할 권고에 의거하여, 양 체약국간의 협의에 따라 결정된다.

11. 한미상호방위조약

본 조약의 당사국은,

모든 국민과 모든 정부가 평화적으로 생활하고자 하는 희망을 재확인하며 또한 태평양 지역에 있어서의 평화기구를 공고히 할 것을 희망하고, 당사국 중 어느 1국이 태평양 지역에 있어서 고립하여 있다는 환각을 어떠한 잠재적 침략자도 가지지 않도록 외부로부터의 무력공격에 대하여 자신을 방위하고자 하는 공통의 결의를 공공연히 또한 정식으로 선언할 것을 희망하고, 또한 태평양 지역에 있어서 더욱 포괄적이고 효과적인 지역적 안전보장조직이 발달될 때까지 평화와 안전을 유지하고자 집단적 방위를 위한 노력을 공고히 할 것을 희망하여 다음과 같이 동의한다.

제1조

당사국은 관련될지도 모르는 어떠한 국제적 분쟁이라도 국제적 평화와 안전과 정의를 위태롭게 하지 않는 방법으로 평화적 수단에 의하여 해결하고 또한 국제관계에 있어서 국제연합의 목적이나 당사국이 국제연합에 대하여 부담한 의무에 배치되는 방법으로 무력으로 위협하거나 무력을 행사함을 삼가할 것을 약속한다.

제2조

당사국 중 어느 1국의 정치적 독립 또는 안전이 외부로부터의 무력공격에 의하여 위협을 받고 있다고 어느 당사국이든지 인정할 때에는 언제든지 당사국은 서로 협의한다. 당사국은 단독적으로나 공동으로나 자조와 상호원조에 의하여 무력공격을 저지하기 위한 적절한 수단을 지속하며 강화시킬 것이며 본 조약을 이행하고 그 목적을 추진할 적절한 조치를 협의와 합의하에 취할 것이다.

제3조

각 당사국은 타 당사국의 행정 지배하에 있는 영토와 각 당사국이 타 당사국의 행정 지배하에 합법적으로 들어갔다고 인정하는 금후의 영토에 있어서 타 당사국에 대한 태평양 지역에 있어서의 무력공격을 자국의 평화와 안전을 위태롭게 하는 것이라고 인정하고 공통한 위험에 대처하기 위하여 각자의 헌법상의 수속에 따라 행동할 것을 선언한다.

제4조

상호적 합의에 의하여 미합중국의 육군해군과 공군을 대한민국의 영토 내와 그 부근에 배비하는 권리를 대한민국은 이를 허여하고 미합중국은 이를 수락한다.

제5조

본 조약은 대한민국과 미합중국에 의하여 각자의 헌법상의 수속에 따라 비준되어야 하며 그 비준서가 양국에 의하여「워싱턴」에서 교환되었을 때에 효력을 발생한다.

제6조

본 조약은 무기한으로 유효하다. 어느 당사국이든지 타 당사국에 통고한 후 1년 후에 본 조약을 종료시킬 수 있다.

참고문헌

이창위, 『우리의 눈으로 본 일본제국 흥망사』, 궁리, 2005

이창위, 『북핵 앞에 선 우리의 선택』, 궁리, 2019

강경식, 『국가가 해야 할 일, 하지 말아야 할 일』, 김영사, 2011

김영미·김영수·안소영·이이범·이현진(편), 『한일회담 외교문서 해제집
     Ⅰ: 예비회담~5차회담』, 2008

김영미·김영수·안소영·이이범·이현진(편), 『한일회담 외교문서 해제집
     Ⅱ: 평화선·북송·6차회담』, 2008

김영미·김영수·안소영·이이범·이현진(편), 『한일회담 외교문서 해제집
     Ⅲ: 6차회담』, 2008

김영미·김영수·안소영·이이범·이현진(편), 『한일회담 외교문서 해제집
     Ⅳ: 고위 정치회담 및 7차회담』, 2008

김영미·김영수·안소영·이이범·이현진(편), 『한일회담 외교문서 해제집
     Ⅴ: 7차회담』, 2008

이원덕·기미야 다다시 외, 『한일관계사 1965~2015, Ⅰ 정치』, 역사공간,
     2015

김도형·아베 마코토 외, 『한일관계사 1965~2015, Ⅱ 경제』, 역사공간, 2015

이종구, 이소자키 노리요 외, 『한일관계사 1965~2015, Ⅲ 사회·문화』, 역
     사공간, 2015

김구(엄항섭 편), 『도왜실기』, 범우사, 2002

김선민·박수철·민덕기·남상호·박진우, 『황국사관의 통시대적 연구』, 동

북아역사재단, 2009

김영호 · 이태진 · 와다 하루키 · 우쓰미 아이코(편),『한일 역사문제의 핵심을
어떻게 풀 것인가?』, 지식산업사, 2013

김희곤,『제대로 본 대한민국 임시정부: 자주독립과 통합운동의 역사』, 지식
산업사, 2009

다카하시 데쓰야(임성모 역),『역사인식 논쟁』, 동북아역사재단, 2009

동북아역사재단(편),『역사 속의 한일관계』, 동북아역사재단, 2009

동북아역사재단(편),『역사 대화로 열어가는 동아시아 역사 화해』, 동북아역
사재단, 2009

동북아역사재단(편),『일본의 전쟁기억과 평화기념관, 關東 · 東北 지역 편』,
동북아역사재단, 2009

도고 시게노리(김인호 역),『격동의 세계사를 말한다』, 학고재, 2000

박종인,『매국노 고종』, 와이즈맵, 2020

송건호 외,『해방전후사의 인식』, 한길사, 1980

송동훈,『송동훈의 그랜드투어: 지중해편』, 김영사, 2012

신우정,『일본에 답하다: 강제징용, 위안부 문제를 바라보는 시각』, 박영사,
2022

야마구치 슈(김윤경 역),『철학은 어떻게 삶의 무기가 되는가?』, 다산북스,
2020

이이화,『한국사 이야기 제21권』, 한길사, 2012

이영훈 외,『반일종족주의』, 미래사, 2019

이리에 아키라(이성환 역),『日本의 外交』, 푸른산, 1993

일본의 전쟁책임 자료센터(서각수 · 신동규 역),『세계의 전쟁책임과 전후보
상』, 동북아역사재단, 2009

정인섭,『신국제법강의』, 2019

정인섭,『생활 속의 국제법 읽기: 세계화 시대, 한국사회와 국제법』, 일조각,

2012

존 루이스 개디스(홍지수·강규형 역), 『미국의 봉쇄전략: 냉전시대 미국 국가안보 정책의 비판적 평가』, 비봉출판사, 2019

한영우, 『다시 찾는 우리 역사』, 경세원, 1999

荒井信一, 『戦争責任論』, 岩波現代文庫, 2005

五百旗頭 真, 『戦後日本外交史』, 有斐閣アルマ, 2006

五百旗頭 真·伊藤元重·薬師寺克行(編), 『90年代の証言, 外交激変 元外務省事務次官 柳井俊二』, 2007

石川真澄, 『戦後政治史』, 岩波新書, 2005

小倉和夫, 『吉田茂の自問』, 藤原書店, 2003

大沼保昭, 『國際法』, 東信堂, 1996

大沼保昭, 『国際法, 国際連合と日本』, 弘文堂, 1987

門脇禎二, 『新日本史, 近代現代編』, 数研出版, 2004

栗林忠男, 『現代國際法』, 1999

黒羽清隆, 『太平洋戦争の歴史』, 講談社, 2004

坂本多加雄, 秦 郁彦, 半藤一利, 保阪正康, 『昭和史の論点』, 文春新書, 2003

重光 葵, 『昭和の動乱(上·下)』, 中公文庫, 2008

司馬遼太郎, 『アメリカ素描』, 新潮文庫, 1992

木坂順一郎, 『昭和の歴史7, 太平洋戦争』, 小学館, 1994

芹田健太郎, 『日本の領土』, 中公叢書, 中央公論新社, 2002

太平洋戦争研究会, 『太平洋戦争』, 日本文芸社, 2002

太壽堂 鼎·波多野 里望, 『ワークブック國際法』, 有斐閣, 1985

高坂正堯, 『国際政治: 恐怖と希望』, 中公新書, 1996

東郷和彦, 『歴史と外交 — 靖国, アジア, 東京裁判』, 講談社, 2008

東郷和彦, 『歴史認識を問い直す ─ 靖国, 慰安婦, 領土問題』, 角川one
　　テーマ21, 2013

東郷和彦, 『戦後日本が失ったもの ─ 風景・人間・国家』, 角川oneテー
　　マ21, 2010

中嶋嶺雄, 『国際関係論: 同時代史への羅針盤』, 中公新書, 1994

『日本の論点』編集部(編), 『常識「日本の安全保障」』, 文春新書, 2003

『日本の論点』編集部(編), 『常識「日本の論点」』, 文春新書, 2004

秦　郁彦, 『昭和史の謎を追う(上・下)』, 文春文庫, 2000

波多野澄雄, 『歴史としての日米安保條約─機密外交記録が明かす「密約」
　　の虚実』, 岩波書店, 2010

細谷千博・本間長世, 『日米関係史』, 有斐閣選書, 2006

松本健一, 『日本の失敗』, 岩波現代文庫, 2006

横手慎二, 『日露戦争史』, 中公新書, 2005

吉田裕, 『日本人の戦争観』, 岩波現代文庫, 2005

読売新聞20世紀取材班, 『20世紀太平洋戦争』, 中公文庫, 2001

読売新聞　戦争責任検証委員会, 『検証戦争責任Ⅰ・Ⅱ』, 中央公論新社

若槻泰雄, 『日本の戦争責任(上・下)』, 小学館, 2001

Basak Cali, International Law for International Relations, Oxford
　　University Press, 2010

David Armstrong, Theo Farrell, Hélène Lambert, International Law and
　　International Relations, Cambridge University Press, 2012

David McCullough, Truman, Simon & Schuster, 1993

Henry Kissinger, Diplomacy, Simon & Schuster, 1995

John Bolton, The Room Where It Happened: A White House Memoir,
　　Simon & Schuster, 2020

Kenneth Waltz, Theory of International Politics, Waveland Press, 2010

Lung-chu Chen, An Introduction to Contemporary International Law: A
Policy-Oriented Perspective, Oxford University Press, 2015

Martin Dixon and Robert McCorquodale, Cases and Materials on
International Law, Oxford University Press, 2003

Malcolm D. Evans, International Law, Oxford University Press, 2010

Malcolm N. Shaw, International Law, Cambridge University Press, 2014

Michael Byers(ed), The Role of Law in International Politics: Essays in
International Relations and International Law, Oxford University
Press, 2000

Myres S. McDougal and William T. Burke, The Public Order of the
Oceans, New Haven Press, 1987

Oona A. Hathaway and Harold Hongju Koh, Foundations of
International Law and Politics, Foundation Press, 2005

Rosalyn Higgins, Problems and Process: International Law and How We
Use It, Oxford University Press, 1994

주

1 Henry Kissinger, Diplomacy, Simon & Schuster, 1995, pp.27~28

2 「FOCUS 미국 바이든 시대의 한미일 공조: 죽창·의병 '포퓰리즘' 한계, 한일 '시시포스 바위' 깨뜨려야」, 중앙SUNDAY, 2020.11.14

3 이창위, 『우리의 눈으로 본 일본제국 흥망사』, 궁리, 2005, pp.5~6

4 木坂順一郎, 『昭和の歴史7, 太平洋戦争』, 小学館, 1994, pp.157~159

5 太平洋戦争研究会, 『太平洋戦争』, 日本文芸社, 2002, pp.168~169

6 전게서, pp.188~189

7 관세와 무역에 관한 일반협정 제1조

8 관세와 무역에 관한 일반협정 제10조

9 관세와 무역에 관한 일반협정 제11조

10 「FOCUS 미국 바이든 시대의 한미일 공조: 죽창·의병 '포퓰리즘' 한계, 한일 '시시포스 바위' 깨뜨려야」, 중앙SUNDAY, 2020.11.14

11 "WTO 새 사무총장에 나이지리아 출신 응고지 오콘조이웨알라 선출", 경향신문, 2021.2.16

12 "강경화, ILO 사무총장 도전 실패...토고 출신 '질베르 웅보' 당선", 조선일보, 2022.3.26

13 야마구치 슈(김윤경 역), 『철학은 어떻게 삶의 무기가 되는가?』, 다산북스, 2020, pp.50~51

14 전게서, pp.53~54

15 「위안부 판결과 강자에 대한 분노, 르상티망」, 대한변협신문 제822호, 2021.3.15

16 門脇禎二, 『新日本史, 近代現代編』, 数研出版, 2004, pp.14~21

17 정주수, "일제 강점기 창씨개명 실태연구", 司法行政 第61卷 第1號(通卷 第709號), 2020.1, pp.53~54

18 이이화, 『한국사 이야기 제21권』, 한길사, 2012, pp.215~225

19 홍승기, 「총독부와 남대문 자물쇠」, 법조신문 777호, 2020.3.23

20 강경식, 『국가가 해야 할 일, 하지 말아야 할 일』, 김영사, 2011, pp.104~106

21 전게서, pp.152~154

22 충격받은 김영삼 "이렇게 답답하기는 처음", 매일경제, 2007.11.20

23 2006.4.25. 한일관계에 대한 특별 담화문

24 2006.4.25. 한일관계에 대한 특별 담화문

25 『올바르게 풀어쓴 백범일지』, 너머북스, 2008, pp.517~518

26 重光葵, 『昭和の動乱(上)』, 中公文庫, 2008, pp.77~79

27 '윤봉길 의사 사망 81주년' 장제스 헌시 공개, 서울신문, 2013.12.18

28 김희곤, "길 위에서 독립을 준비하다", 『제대로 본 대한민국 임시정부: 자주독립과 통합운동의 역사』, 지식산업사, 2009, pp.81~89

29 한상도, "군사활동의 터전을 일구다", 『제대로 본 대한민국 임시정부: 자주독립과 통합운동의 역사』, 지식산업사, 2009, pp.109~111

30 전게서, pp.112~114

31 読売新聞20世紀取材班, 『20世紀太平洋戦争』, 中公文庫, 2001, pp.16~17

32 The Contracting Powers recognize that hostilities between themselves must not commence without previous and explicit warning, in the form either of a reasoned declaration of war or of an ultimatum with conditional declaration of war(Article 1).

33 The existence of a state of war must be notified to the neutral Powers without delay, and shall not take effect in regard to them until after the receipt of a notification, which may, however, be given by telegraph. Neutral Powers, nevertheless, cannot rely on the absence of notifi-

cation if it is clearly established that they were in fact aware of the existence of a state of war(Article 2).

34 重光 葵,『昭和の動乱(下)』, 中公文庫, 2008, pp.372~373

35 전게서, pp.336~337

36 전게서, p.378

37 The aforesaid three great powers, mindful of the enslavement of the people of Korea, are determined that in due course Korea shall become free and independent.

38 정병준, "카이로 회담의 한국 문제 논의와 카이로 선언 한국조항의 작성 과정", 「역사비평」, 2014년 여름호(107호), pp.328~339

39 일제의 '대한' 국호 말살작전…"한국 대신 조선으로 불러라", 중앙SUNDAY, 2017.12.17; 독립운동의 암흑기 밝힌 靑年의 거사… 두 巨人에 희망을 안기다, 조선일보, 2019.4.17

40 대일평화조약 제2조(a)

41 대일평화조약 제4조(a)

42 대일평화조약 제4조(b)

43 강제징용 협상 58년간의 갈등…그 씨앗은 이 대화록이었다, 중앙일보, 2019.8.14

44 대일평화조약 제14조(a)

45 대일평화조약 제14조(a)

46 조약법에 관한 비엔나협약 제31조

47 이리에 아키라(이성환 역),『日本의 外交』, 푸른산, 1993, pp.244~245

48 동북아역사재단, 동북아역사총서 08,『한일회담 외교문서 해제집 I : 예비회담~5차회담』, 2008, pp.276~280

49 동북아역사재단, 동북아역사총서 08,『한일회담 외교문서 해제집 I : 예비회

담~5차회담』, 2008, pp.566~569

50 五百旗頭 真, 『戰後日本外交史』, 有斐閣アルマ, 2006, pp.93~94

51 五百旗頭 真, 『戰後日本外交史』, 有斐閣アルマ, 2006, p.128

52 五百旗頭 真, 『戰後日本外交史』, 有斐閣アルマ, 2006, p.129

53 요시자와 후미토시 "한일협정의 평가를 둘러싼 한일관계: 기본조약 제2조, 청구권협정 제2조 1을 중심으로", 『한일관계사 1965~2015, Ⅰ 정치』(이원덕, 기미야 다다시 외), 역사공간, 2015, pp.355~356

54 坂元茂樹, 『条約法の理論と実際』, 東信堂, 2004, pp.277~279

55 한일기본관계조약 제3조

56 日韓会談「久保田発言」に関する参議院水産委員会質疑, 日本外交主要文書・年表(1), pp.584~592, 官報号外

57 日韓会談「久保田発言」に関する参議院水産委員会質疑, 日本外交主要文書・年表(1), pp.584~592, 官報号外

58 日韓会談「久保田発言」に関する参議院水産委員会質疑, 日本外交主要文書・年表(1), pp.584~592, 官報号外

59 동북아역사재단, 동북아역사총서 09, 『한일회담 외교문서 해제집 Ⅱ: 평화선·북송·6차회담』, 2008, pp.814~815

60 요시자와 후미토시 "한일협정의 평가를 둘러싼 한일관계: 기본조약 제2조, 청구권협정 제2조 1을 중심으로", 『한일관계사 1965~2015, Ⅰ 정치』(이원덕, 기미야 다다시 외), 역사공간, 2015, pp.358~360

61 청구권협정 제3조

62 유엔헌장에는 제4장 '분쟁의 평화적 해결'편에 교섭, 심사, 중개, 조정, 중재 재판, 사법적 해결, 지역적 기관 또는 지역적 약정 등 다양한 평화적 분쟁해결의 방식이 명시되어 있다(제33조).

63 오하타 히로시, "일본의 한일회담 반대운동과 반대논리: 혁신진영을 중심으로", 『한일관계사 1965~2015, Ⅲ 사회·문화』(이종구, 이소자키 노리요

외), 역사공간, 2015, pp.129~132

64 1965.6.23. 대일국교정상화회담 결과에 대한 국민담화문

65 1965.6.23. 대일국교정상화회담 결과에 대한 국민담화문

66 1965.6.23. 대일국교정상화회담 결과에 대한 국민담화문

67 한·일 일본군위안부 피해자 문제 합의(2015.12.28.) 검토 결과 보고서, pp.11~13

68 전게 보고서, pp.14~16

69 慰安婦關係調査結果発表に關する河野内閣官房長官談話

70 戰後50年に向けての村山富市内閣総理大臣の談話

71 "위안부 합의 곤혹스럽다" 달라진 文 대통령 태도에 日 당황, 중앙일보, 2021.1.19

72 When, on July 14th, 1919, the Danish Minister saw the Norwegian Minister for Foreign Affairs, M. Ihlen, the latter merely replied "that the question would be considered". The Norwegian Minister for Foreign Affairs recorded his conversation with the Danish representative in a minute, the accuracy of which has not been disputed by the Danish Government. On July 22nd following, the Minister for Foreign Affairs, after informing his colleagues of the Norwegian Cabinet, made a statement to the Danish Minister to the effect "that the Norwegian Government would not make any difficulties in the settlement of this question" These are the words recorded in the minute by M. Ihlem himself. ..."the plans of the Royal Danish Government respecting sovereignty over the whole of Greenland ... would meet with no difficulties on the part of Norway." (Legal Status of Eastern Greenland, PCIJ Series A/B. No 53).

73 The Court finds that the exchanges of letters between the King of Saudi Arabia and the Amir of Qatar dated 19 and 21 December 1987, and between the King of Saudi Arabia and the Amir of Bahrain dated

19 and 26 December 1987, and the document headed 'Minutes' and signed at Doha on 25 December 1990 by the Ministers for Foreign Affairs of Bahrain, Qatar and Saudi Arabia, are international agreements creating rights and obligations for the Parties(Case concerning Maritime Delimitation and Territorial Questions between Qatar and Bahrain(Jurisdiction and Admissibility), (ICJ Judgment of 1 July 1994).

74 「FOCUS 위안부 배상 판결 후폭풍: '국가면제' 인정 추세, 한국 패소 가능성 있어 외교로 풀어야」, 중앙SUNDAY, 2021.1.16

75 맥두걸 보고서와 쿠마라스와미 보고서가 사실관계를 객관적으로 파악하지 못하고 편향된 내용을 담고 있다는 비판도 있다(홍승기, "마크 램지어의 '위안부 성계약' 비판", 「법학연구」, 제24집 제4호, 2021.12, pp.114~115).

76 「FOCUS 위안부 배상 판결 후폭풍: '국가면제' 인정 추세, 한국 패소 가능성 있어 외교로 풀어야」, 중앙SUNDAY, 2021.1.16

77 서울중앙지방법원 2021. 1. 8. 선고 2016가합506092 판결

78 "위안부 소송 패소한 일본에 소송비용 추심하는 것은 국제법 위반", 법률신문, 2021.4.21

79 서울중앙지방법원 2021. 4. 21. 선고 2016가합580239 판결

80 서울중앙지방법원 2021카명391, "일본군 위안부 피해자 소송 패소한 일본에 배상금 강제집행은 적법", 법률신문, 2021.6.15

81 Jurisdictional Immunities of the State (Germany v. Italy: Greece intervening), ICJ Judgment of 3 February 2012

82 Ibid., p.115

83 임예준, "행정부 확인서(executive certificate)에 관한 영국법원의 관행 연구", 「국제법학회논총」 제60권 제1호, 대한국제법학회, 2015.3, pp.109~112

84 "양승태 겨눈 檢, 재판거래 물증 확보했나", 서울신문, 2019.1.16

85 "복잡한 외교·안보 사안…법원, 정부의견 존중하는 '사법자제 원칙'이 상식", 한국경제, 2019.7.10

86 芹田健太郎, 『日本の領土』, 中公叢書, 中央公論新社, 2002, pp.42~46

87 細谷千博·本間長世, 『日米関係史』, 有斐閣選書, 2006, pp.89~91

88 荒井信一, 『戦争責任論: 現代史からの問い』, 岩波現代文庫, 2005, pp.210~211

89 이리에 아키라(이성환 역), 『日本の外交』, 푸른산, 1993, pp.230~232

90 「외교 문제와 사법자제의 원칙」, 대한변협신문 제818호, 2021.2.8

91 「외교 문제와 사법자제의 원칙」, 대한변협신문 제818호, 2021.2.8

92 정인섭, 『생활 속의 국제법 읽기: 세계화 시대, 한국사회와 국제법』, 일조각, 2012, pp.35~36

93 芹田健太郎, 『日本の領土』, 中公叢書, 中央公論新社, 2002, pp.146~159

94 http://www.mofa.go.jp/mofaj/area/takeshima/gaiyo.html (2022. 7. 30 최종 방문)

95 김채형, "샌프란시스코 평화조약상의 독도 영유권", 「국제법학회논총」 52권 3호(2007), pp.103~124

96 외교부 홈페이지 https://dokdo.mofa.go.kr/kor/dokdo/reason.jsp(2022. 7.30 최종방문)

97 이성환 "일본의 태정관지령과 독도편입에 대한 법제사적 검토", 「국제법학회논총」 제62권 3호(2017), pp.85~87

98 외교부 홈페이지 https://dokdo.mofa.go.kr/kor/dokdo/reason.jsp(2022. 7.30 최종방문)

99 Ian Brownlie, Principles of Public International Law(5th edn), Oxford University Press, 1999, pp.133~134

100 太寿堂 鼎, "領土問題", 「ジュリスト」 647, 1977.9.1., pp.57~58

101 제19조 (d) 일본은 점령기간 중에 점령 당국의 지령에 의거하거나 그 결과
   로 행해지거나 당시의 일본 법률에 의해 허가된 모든 작위 또는 부작위의 효
   력을 승인하고, 연합국 국민에게 이 작위 또는 부작위에서 발생하는 민사 또
   는 형사 책임을 묻는 어떠한 행동도 취하지 아니한다.

102 玄大松『領土ナショナリズムの誕生』, ミネルバ書房, pp.72~79; 東郷
   和彦・保阪正康, 『日本の領土問題』, 角川書店, 2012, pp.86~87

103 Jon M. Van Dyke, "Legal Issues related to Sovereignty over Dokdo and
   Its Maritime Boundary", Ocean Development and International Law
   38, 2007, p.159

104 Martin Dixon and Robert McCorquodale, Cases and Materials on
   International Law(New York, NY: Oxford University Press, 2003),
   pp.250~251

105 Ronald H. Severaid and James C. Tuttle(ed.), International Court of
   Justice Opinion Briefs, 1978, p.8

106 Legal Status of Eastern Greenland, PCIJ Series A/B. No. 53

107 Sovereignty over Pulau Ligitan and Pulau Sipadan (Indonesia v.
   Malaysia), (2002) ICJ Rep. pp.625~627; Judgment of Case concerning
   Sovereignty over Pedra Branca/Pulau Batu Puteh, Middle Rocks and
   South Ledge (2008), paras. 231~272 available on the Web site of the
   International Court of Justice at www.icj-cij.org.

108 https://www.icj-cij.org/public/files/case-related/46/4889.pdf (2022. 7.
   30 최종방문)

109 Martti Koskenniemi, "Carl Schmitt, Hans Morgenthau, and the Image
   of Law in International Relations", Michael Byers(ed), The Role of Law
   in International Politics-Essays in International Relations and Inter-
   national Law(New York: Oxford University Press, 2000), pp.18~20

110 太壽堂 鼎・波多野 里望, 『ワークブック國際法』, 有斐閣, 1985, p.56

111 유엔헌장 제2조 1항

112 유엔헌장 제23조

113 Malcolm D. Evans, International Law, Oxford University Press, 2010, pp.11~21

114 Malcolm N. Shaw, International Law, Cambridge University Press, 2014, pp.285~286

115 Robert Powell, "Anarchy in international relations theory: the neo-realist-neoliberal debate", International Organization, 1994, Vol.48(2), pp.329~333

116 Malcolm N. Shaw, International Law, Cambridge University Press, 2014, pp.441~446

117 大沼保昭, "遙かな人種平等の理想", 『国際法, 国際連合と日本』, 弘文堂, 1987, pp.434~439

118 Rosalyn Higgins, Problems and Process: International Law and How We Use It, Oxford University Press, 1994, pp.111~114

119 司馬遼太郎, 『アメリカ素描』, 新潮文庫, 1992, pp.218~219

120 이창위, 『우리의 눈으로 본 일본제국 흥망사』, 궁리, 2005, p.98

121 전게서, p.99

122 일본 우경화의 심연 '天皇制', 동아일보, 2013.5.18

123 During a certain period in the not too distant past, Japan, following a mistaken national policy, advanced along the road to war, only to ensnare the Japanese people in a fateful crisis, and, through its colonial rule and aggression, caused tremendous damage and suffering to the people of many countries, particularly to those of Asian nations. In the hope that no such mistake be made in the future, I regard, in a spirit of humility, these irrefutable facts of history, and express here once again my feelings of deep remorse and state my

heartfelt apology. Allow me also to express my feelings of profound mourning for all victims, both at home and abroad, of that history(Statement by Prime Minister Tomiichi Murayama "On the occasion of the 50th anniversary of the war's end", 15 August 1995).

124 Looking back on the relations between Japan and the Republic of Korea during this century, Prime Minister Obuchi regarded in a spirit of humility the fact of history that Japan caused, during a certain period in the past, tremendous damage and suffering to the people of the Republic of Korea through its colonial rule, and expressed his deep remorse and heartfelt apology for this fact. President Kim accepted with sincerity this statement of Prime Minister Obuchi's recognition of history and expressed his appreciation for it(Japan-Republic of Korea Joint Declaration: A New Japan-Republic of Korea Partnership towards the Twenty-first Century, 8 October 1998).

125 In August precisely one hundred years ago, the Japan-Korea Annexation Treaty was concluded, making the beginning of the colonial rule of thirty six years... I would like to face history with sincerity. I would like to have courage to squarely confront the facts of history and humility to accept them, as well as to be honest to reflect upon the errors of our own. Those who render pain tend to forget it while those who suffered cannot forget it easily. To the tremendous damage and sufferings that this colonial rule caused, I express here once again my feelings of deep remorse and my heartfelt apology. Guided by such understanding, I will build a future-oriented Japan-Republic of Korea relationship by placing the next one hundred years to come in my prospect(Statement by Prime Minister Naoto Kan, 10 August 2010).

126 In Japan, the postwar generations now exceed eighty per cent of its population. We must not let our children, grandchildren, and even further generations to come, who have nothing to do with that war,

be predestined to apologize. Still, even so, we Japanese, across generations, must squarely face the history of the past. We have the responsibility to inherit the past, in all humbleness, and pass it on to the future(Statement by Prime Minister Shinzo Abe, August 14, 2015).

127 이원덕, "일본의 전후 배상외교에 관한 고찰: 국제 비교의 관점", 「동북아역사논총」 22호, 2008, pp.25~26

128 門脇禎二, 『新日本史, 近代現代編』, 数研出版, 2004, pp.68~69

129 이창위, 『우리의 눈으로 본 일본제국 흥망사』, 궁리, 2005, pp.69~70

130 '헤이그 밀사 이준 할복자살'은 대한매일신보의 가짜뉴스였다. 조선일보, 2022.8.10

131 제1관 조선국은 자주 국가로서 일본국과 평등한 권리를 보유한다. 이후 양국은 화친의 실상을 표시하려면 모름지기 서로 동등한 예의로 대해야 하고, 조금이라도 상대방의 권리를 침범하거나 의심하지 말아야 한다. 우선 종전의 교제의 정을 막을 우려가 있는 여러 가지 규례들을 일체 혁파하여 없애고 너그럽고 융통성 있는 법을 열고 넓히는 데 힘써 영구히 서로 편안하기를 기약한다.

132 한일기본관계조약 제2조(기존 조약의 무효): 1910년 8월 22일 및 그 이전에 대한제국과 대일본제국 간에 체결된 모든 조약 및 협정이 이미 무효임을 확인한다.

133 Oona A. Hathaway and Harold Hongju Koh, Foundations of International Law and Politics(New York: Foundation Press, 2005), pp.1~3

134 Myres S. McDougal, Harold D. Lasswell, W. Michael Reisman, "Theories about International Law: Prologue to a Configurative Jurisprudence", Virginia Journal of International Law, Vol.8, 1968, pp.199~201

135 Anne-Marie Slaughter, International Law in a World of Liberal States, European Journal of International Law, 6, 1995, pp.503~504

136 Basak Cali, International Law for International Relations(Oxford, New

York: Oxford University Press, 2010), pp.27~30

137 Kenneth Waltz, Theory of International Politics, 2010, pp.114~116; "Conversations in International Relations: Interview with John J. Mearsheimer(Part 2)", International Relations, vol.20(2), 2006, pp.231~232

138 David Armstrong, Theo Farrell, Hélène Lambert, International Law and International Relations(Cambridge, New York: Cambridge University Press, 2012), pp.100~110

139 栗林忠男,『現代國際法』, 1999, pp.17~20 ; 大沼保昭,『國際法』, 東信堂, 1996, p.27

140 정인섭, 신국제법강의, 2019, pp.24~25

141 반민족행위처벌법 제1조

142 반민족행위처벌법 제2조

143 반민족행위처벌법 제3조

144 반민족행위처벌법 제4조

145 일제강점하 반민족행위 진상규명에 관한 특별법 제1조

146 독일과 일본의 셈법…오데르-나이세, 서울경제, 2017.7.6

147 하토야마 유키오 전 일본 총리, 합천 원폭 피해자들 만나 무릎 꿇고 '사죄', 매일신문, 2018.10.3

148 송 에스더, "독일의 전후 배상 정책의 평가 및 시사점",「법과 정책」제27집 제2호, 제주대학교 법과 정책 연구원, 2021.8.30., pp.9~17

149 이원덕, 전게 논문, pp.9~15

150 송 에스더, 전게 논문, pp.18~26

151 정안기, "전시기 육군특별지원병제의 추계와 분석",「정신문화연구」제41권 제2호, 2018, pp.272~273

152 정안기, "육군특별지원병, 이들은 누구인가?", (이영훈 외, 『반일종족주의』, 2019), pp.102~103

153 '황국신민의 서사'는 조선총독부가 전시동원체제를 가동하면서 1937년 조선인을 황국신민화시키기 위해 만든 슬로건 내지 강령이었다. "우리는 대일본제국의 신민이다. 우리는 마음을 합하여 천황폐하에 충성을 다한다. 우리는 인고단련(忍苦鍛鍊)하여 훌륭하고 강건한 국민이 될 것이다"라는 내용을 담았다(한영우, 『다시 찾는 우리 역사』, 경세원, 1999, pp.552~554).

154 도고 시게노리(김인호 역), 『격동의 세계사를 말한다』, 학고재, 2000, p.396

155 전게서, p.397

156 전게서, pp.397~398

157 「조선도공 후예 도고 서울대 초빙교수 "아직도 핏줄이 당긴다"」, 서울신문, 2007.11.2

158 坂本多加雄, 秦　郁彦, 半藤一利, 保阪正康, 『昭和史の論点』, 文春新書, 2003, pp.225~227

159 문경수, 제일조선인이 보는 한일관계: '국민'의 틈새에서, 『한일관계사 1965~2015, Ⅲ 사회·문화』(이종구, 이소자키 노리요 외), 역사공간, 2015, pp.86~87

160 이창위, 『우리의 눈으로 본 일본제국 흥망사』, 궁리, 2005, pp.6~7

161 이리에 아키라(이성환 역), 『日本의 外交』, 푸른산, 1993, pp.218~220

162 秦　郁彦, 『昭和史の謎を追う(上)』, 文春文庫, 2000, pp.354~355

163 전게서, pp.378~379

164 JAPAN APOLOGIZES TO ITSELF FOR PEARL HARBOR, Washington Post, November 22, 1995

165 This latest outburst of the transpacific tension that lingers 50 years after the war was prompted at a meeting in Dallas last weekend when Clinton was asked whether the United States should apologize for

dropping the bomb and whether President Harry S. Truman was right to have authorized it. Clinton handled both queries in fewer than a dozen words: "No, and based on the facts he had before him, yes." This uncharacteristically concise presidential reply was not treated as major news in the United States. In Japan, though, Clinton's defense of the nuclear weapon got banner front-page treatment(CLINTON COMMENT STIRS DEMANDS FOR A-BOMB APOLOGY, Washington Post, April 14, 1995; 이창위, 『북핵 앞에 선 우리의 선택』, 궁리, 2019, pp.267~268).

166 Should Truman Have Used the Atomic Bomb?, U.S. News and World Report, May 27, 2016

167 門脇禎二, 『新日本史, 近代現代編』, 数研出版, 2004, pp.36~39

168 "맥아더, 핵무기 고집하다 퇴출? 한국전의 진실은 정반대였다", 중앙일보, 2020.3.1

169 David McCullough, Truman, Simon & Schuster, 1993, pp.776~777

170 Ibid., pp.777~778

171 John Bolton, The Room Where It Happened: A White House Memoir, Simon & Schuster, 2020, pp.77~78

172 이창위, 『북핵 앞에 선 우리의 선택』, 궁리, 2019, pp.21~23

173 전게서, pp.21~23

174 전게서, pp.23~24

175 전게서, pp.24~25

176 To deter North Korea, Japan and South Korea should go nuclear, The World Post, October 10, 2017

177 Kenneth N. Waltz, "Structural Realism after the Cold War", International Security, Vol. 25, No.1 (Summer 2000), pp. 34-35; John Mearsheimer, "The emergence of China and the future of KOR-US

relations", Special Lecture hosted by the Korea Foundation for Advanced Studies, March 20, 2018; Peter Toft, "John J. Mearsheimer: an offensive realist between geopolitics and power", Journal of International Relations and Development, Volume 8, Number 4, 2005, pp.381~382

178 North Korea Rouses Neighbors to Reconsider Nuclear Weapons, "If they continue to have nuclear weapons, nuclear weapons must spread in the rest of Asia. It cannot be that North Korea is the only Korean country in the world that has nuclear weapons, without the South Koreans trying to match it. Nor can it be that Japan will sit there. So therefore we're talking about nuclear proliferation." New York Times, October 28, 2017.

179 Case Concerning Military and Paramilitary Activities in and against Nicaragua (Nicaragua v. USA) ICJ Reports 1986, pp.104~104, para. 195

180 국제위법행위에 대한 국가책임 최종초안 제49조 내지 제54조

181 한미상호방위조약 제2조, 제3조; 미일안보조약 제4조, 제5조

182 송동훈, 『송동훈의 그랜드투어: 지중해편』, 김영사, 2012, pp.269~272

183 박종인, 『매국노 고종』, 와이즈맵, 2020, pp.256~269

184 베르사유조약 제231조

찾아보기

저자 약력

서울시립대학교 법학전문대학원 교수(현)
세계국제법협회(ILA) 한국본부 회장
고려대학교 법과대학 및 대학원 석사과정 졸업
게이오(慶應)대학 대학원 박사과정 졸업

주요 저술

국제어업분쟁 해결제도론(두남, 2003)
우리의 눈으로 본 일본제국흥망사(궁리, 2005)
국제해양법 판례연구(세창출판사, 2015)
대한민국의 해양법 실행(일조각, 2017)
북핵 앞에 선 우리의 선택(궁리, 2019)
Assessing Maritime Disputes in East Asia: Political and Legal
    Perspectives(Routledge, 2017)

토착왜구와 죽창부대의 사이에서: 국제법과 국제정치로 본 한일관계사

초판발행	2023년 1월 5일
초판2쇄발행	2023년 1월 20일
저 자	이창위
펴낸이	안종만 · 안상준
편 집	김선민
기획/마케팅	손준호
표지디자인	벤스토리
제 작	고철민 · 조영환
펴낸곳	㈜ **박영사**
	서울특별시 금천구 가산디지털2로 53, 210호(가산동, 한라시그마밸리)
	등록 1959. 3. 11. 제300-1959-1호(倫)
전 화	02)733-6771
f a x	02)736-4818
e-mail	pys@pybook.co.kr
homepage	www.pybook.co.kr
ISBN	979-11-303-4308-2 93360

정 가   19,000원

＊이 책은 서울시립대학교 R&D기반조성사업의 지원으로 저술되었습니다.